阅读推广人系列教材（第五辑）

中国图书馆学会　编
王余光　霍瑞娟　李东来　总主编

志愿者
与图书馆阅读推广

主　编　缪建新
副主编　李　倩　徐梦华　李建华　王建军　张　鑫

Volunteers

and Library Reading

Promotion

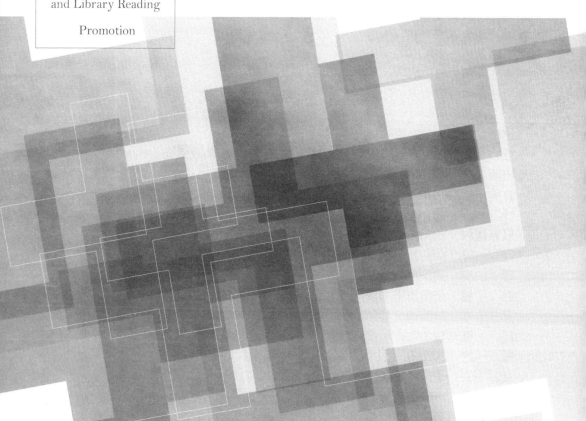

朝華出版社
BLOSSOM PRESS

图书在版编目（CIP）数据

志愿者与图书馆阅读推广 / 缪建新主编 .—北京：
朝华出版社，2020.8
阅读推广人系列教材 . 第五辑
ISBN 978–7–5054–4608–3

Ⅰ.①志… Ⅱ.①缪… Ⅲ.①图书馆－读书活动－教
材 Ⅳ.① G252.17

中国版本图书馆 CIP 数据核字（2020）第 049579 号

志愿者与图书馆阅读推广

主　　编　缪建新
副 主 编　李　倩　徐梦华　李建华　王建军　张　鑫

选题策划　张汉东
责任编辑　胡　泊
责任印制　张文东　陆竞赢

出版发行　朝华出版社
社　　址　北京市西城区百万庄大街 24 号　　　　邮政编码　100037
出版合作　（010）68995593
订购电话　（010）68996050　68996618
传　　真　（010）88415258（发行部）
联系版权　zhbq@cipg.org.cn
网　　址　http：//zhcb.cipg.org.cn
印　　刷　武汉市新华印刷有限责任公司
经　　销　全国新华书店
开　　本　710mm×1000mm　1/16　　　　　　字　　数　180 千字
印　　张　11.5
版　　次　2020 年 8 月第 1 版　　2020 年 8 月第 1 次印刷
装　　别　平
书　　号　ISBN 978–7–5054–4608–3
定　　价　45.00 元

阅读推广人系列教材
编委会

主　编　王余光　霍瑞娟　李东来

编　委　（按姓氏音序排列）

总　序

由中国图书馆学会（以下简称"中图学会"）主持编写的丛书"阅读推广人系列教材"，是中图学会"阅读推广人"培育行动的一部分。

自 2005 年中图学会设立科普与阅读指导委员会（2009 年更名为"阅读推广委员会"）以来，各类型图书馆逐步重视开展阅读推广活动，并取得了丰硕的成果。在阅读推广过程中，很多图书馆面临不少问题，其中没有适合从事阅读推广的馆员是一个重要问题，而这对图书馆阅读推广活动能否持续、有效、创新地开展，将产生重要的影响。

鉴于此，中图学会阅读推广委员会于 2013 年 7 月，在浙江绍兴图书馆举办了"首届全国阅读推广高峰论坛"。这一论坛的目的是为图书馆免费培训阅读推广人，造就一支理念新、专业强、技能高的阅读推广人才队伍。首届论坛获得了图书馆界同人极高的评价。此后，在 2014 至 2015 年，中图学会阅读推广委员会又在常熟、石家庄、镇江、成都、临沂举办了五次免费培训，都取得了良好效果。

在绍兴阅读推广人培训之后，中图学会阅读推广委员会便着手考虑培训的专业化与系统性。为了更好地将阅读推广人培训工作顺利推进，委员会于 2014 年 7 月为中图学会制订了《培育阅读推广人行动计划（草案）》。该草案分四个部分：前言、培训课程体系与教材、专家组织、考核与能力证书授予等。关于阅读推广人，"前言"中写道：

"阅读推广人"是具有一定资质，可以开展阅读指导、提升读者阅读兴趣和阅读能力的专业与业余人士。

全民阅读、阅读推广，是立足中国文化、提高中华民族素质与竞争力的重要举措，近两年来受到政府与社会的广泛关注。为了推动全民阅读工作规范有效开展，培训"阅读推广人"是十分重要与必要的，也是很多机构，如学校、图书馆、大型企业、宣传部门十分需要的。

中国图书馆学会长期以来开展阅读推广活动，积累了丰富的经验，并拥有一批该领域的专家学者，从事全民阅读与阅读推广研究，他们承担课题或从事教育培训，取得了一定的成果，为进一步开展"阅读推广人"的培训、资格认证提供了重要的基础。作为以促进全民阅读，为读者终身学习提供保障为目标和社会责任的图书馆，应当成为阅读推广人培养与成长的摇篮。

中国图书馆学会为了更好地帮助图书馆、学校、大型企业、宣传部门等机构开展阅读推广工作，将阅读推广人培训作为一项长期工作。为了培训工作更好与规范地开展，特制订《培育阅读推广人行动计划》。参加培训的学员，通过一定的考核，中国图书馆学会将授予学员"阅读推广人"资格证书。

2014 年 12 月 11 日，中图学会阅读推广委员会举办的"全民阅读推广峰会暨'阅读推广人'培育行动启动仪式"在常熟图书馆举行。会上，中图学会正式启动"阅读推广人"培育行动。

在"阅读推广人"培育行动中，教材的编写成为首要任务。这套"阅读推广人系列教材"是国内首套针对阅读推广人的教材。由于没有相关的参考著作，教材可能还存在一些不足。在今后使用过程中，对教材中存在的问题与不足，主编将做进一步的修订与完善。这套教材的问世，对中国阅读推广人的培育将发挥积极的推动作用。

"阅读推广人系列教材" 编委会

前　言

　　图书馆作为公共文化服务机构，阅读推广是其使命之一。志愿者的参与助力图书馆阅读推广，是图书馆精神和志愿精神的契合，志愿者为图书馆阅读推广服务提供了新鲜的血液，越来越多具有专业特长的志愿者加入了图书馆阅读推广的大军，推动了全民阅读，促进了信息公平，让更多的社会大众体味到图书馆阅读推广的"美妙滋味"。

　　图书馆作为阅读推广的主体推广者，在资源的融合升级中，起着管理协调的功能。如何积极引导志愿者充分融入阅读推广活动，充分发挥志愿者的积极性，是图书馆开展阅读推广工作中必须面对的重要问题。同时，志愿者参与图书馆阅读推广，是丰富知识、增长技能和自我价值实现的需要。因此图书馆对参与图书馆阅读推广志愿者的管理应以服务志愿者需求为核心，必须将志愿者作为一种重要的人力资源，从胜任力出发对志愿者进行招募与甄选、指导与培训、绩效评估、奖励与激励等，提供充分的沟通渠道，并制定合理的退出机制。

　　本书是《阅读推广人系列教材（第五辑）》中的一册，旨在为图书馆阅读推广活动提供具体的志愿者管理方案，同时提供了大量翔实的国内外案例，为图书馆阅读推广工作的顺利开展提供了有意义的参考。由于作者认识及水平局限，缺憾及错误难免发生，恳请各位读者批评赐教。

目 录

第一讲

志愿者与图书馆阅读推广概述

第一节　志愿者参与图书馆阅读推广的背景

一、志愿服务的兴盛

人类利他性的行为和活动自古有之，无论基督教教义中的博爱与慈善理念，还是中国传统文化中的"仁爱"观念，都是人类利他性行为的思想渊源，也是志愿服务发展的文化和思想基础。现代意义上的志愿服务起源于西方国家宗教性的慈善服务，在第二次世界大战之后，对志愿服务的界定又有了重要的发展，在社会服务之外，志愿服务也强调公民精神、公民权利和义务，指任何人自愿贡献个人的时间和精力，在不为物质报酬的前提下，为推动人类发展、社会进步和社会福利事业而提供的服务。

随着社会文明的进步，公民意识的增强，志愿服务被看作公民参与社会的重要途径，逐渐成为考量社会文明程度和公民素养状况的标志之一。《全球志愿者宣言》中明确提出："志愿服务是公民社会的基石。"[1]志愿者已成为不可或缺的社会力量，他们不受私人利益的驱使，不受法律强制，而是基于某种道义、信念、良知、同情心和责任感，从事社会公益事业，参与社会建设和社会服务。志愿者

---

① 全球志愿者宣言 [J].社区，2001（10）：13.

组织也独立于政府和商业组织之外，为社会提供多样化的服务。

志愿服务强调个人参与社会事务的权利和促进社会进步的能力，以及对社会繁荣、共同进步所负有的义务和责任，而参与志愿服务工作就成为公民权利和义务的具体表现，公民通过这种形式实现权利、承担义务。在世界范围内的志愿服务发展中，"全民化"是一个突出的趋势。无论年龄、身份地位、资格和收入情况如何，每个人都可以也应该参与志愿服务或成为志愿者，并在志愿服务中表达自己的公民权利。[①]志愿服务在西方发达国家和地区经过长期的发展，已经十分成熟，志愿者来自各行各业，服务领域涵盖了教育、科技、医疗、文化、体育、环保、弱势群体帮扶、突发事件应急、社区服务管理等社会生活的方方面面，志愿服务为社会管理和公众生活带来巨大便利[②]。加拿大、澳大利亚、美国等都是志愿服务发达的代表性国家。联合国秘书长安南在"2001 国际志愿者年"启动仪式上的讲话中提到，加拿大每年有 1/3 的公民参加志愿服务，累计时间超过 10 亿小时。据统计，2010 年，澳大利亚成年人口的 38%，即 640 万人参与了志愿者服务，18~24 岁之间的青少年也有约 60 万人参与志愿活动，服务领域基本涵盖社会各个方面[③]。美国城市研究所发布的数据显示，2013 年共有 6260 万美国成年人参与了至少一次志愿服务，占总人口数量的 25.4%，本年度美国人总共参与志愿服务的时长约 81 亿小时，人均志愿服务时长为 129 小时[④]。这些都足以说明以西方发达国家为代表，志愿服务在世界范围内蓬勃开展，志愿者队伍也愈发壮大。随着志愿者法制建设日趋完善、志愿组织管理的进步、志愿者权益维护加强，西方发达国家的志愿服务开始向新的高度发展，在进一步吸引志愿者的同时，也对世界其他国家和地区的志愿服务起到了引导性的作用，提供了宝贵的实践经验和理论指导。

中国的志愿服务也在国际志愿服务发展浪潮中不断涌进，2008 年，中央文

---

① 穆青.如何理解志愿服务与志愿精神［J］.北京青年政治学院学报，2005（3）：9–12.

② 辛华，张学东.当前美国志愿者与志愿服务组织状况探讨［J］.哈尔滨师范大学社会科学学报，2013，4（6）：15–17.

③ 刘通.澳大利亚国家图书馆志愿者服务实践及对我国的启示［J］.图书与情报，2012（1）：27–30，76.

④ 佚名.2013~2014 年度美国慈善报告与全球慈善发展趋势［M］.中国慈善发展报告（2015）.北京：社会科学文献出版社，2015：332–365.

明委印发《关于深入开展志愿服务活动的意见》，中国志愿者井喷式出现，在世界视野中展现了中国志愿者的风采，这一年也被称为是"中国志愿者元年"，对于中国志愿者队伍的发展和志愿服务的发展具有历史意义。据统计，2008年全国志愿者队伍的规模已经接近1亿人。其中，仅共青团、民政、红十字会三大系统，共增加1472万人 [①]。此后，志愿组织建设和志愿服务发展也都取得了长足进步，志愿者队伍建设更加瞩目，《慈善蓝皮书：中国慈善发展报告（2016）》显示，2015年全国登记注册的志愿者已超过1亿人，占人口总数的7.27%。这充分说明志愿服务拥有广泛的群众基础以及志愿服务蕴含着强大力量。

志愿服务的发展在很大程度上促进了社会进步，很好地弥补政府公共服务的不足。在志愿服务范围不断扩大，全民化趋势充分显现的同时，志愿服务也呈现专业化的发展方向。一则重视不同志愿服务组织提供服务的专门化，一则重视志愿服务与志愿者个人兴趣爱好、专业技能或特长的结合 [②]。在文化、体育、科技等不同领域都出现了专门的志愿者，这些志愿者在志愿服务中发挥个人专业技能或特长，为不同领域的活动提供支持。文化志愿服务也随之产生，文化志愿者活跃在志愿服务的舞台上，通过文化讲座、艺术鉴赏、科学普及、知识培训、文艺演出等形式进行文化传播。

二、全民阅读时代的到来

在人类社会和世界文明进步的背景下，文化竞争力和影响力是一个国家或民族发展的标志之一。一个国家或民族的文化传承和发展则系于公民或个人，个体作为文化细胞，是国家或民族文化基因传承和革新的基点。因此，不同国家或民族无一例外地重视公民素质的培养和文化的发展。阅读则是文化传承的一个重要途径，是公民素质培养的重要方式。许多国家尤其是西方发达国家，十分重视国民阅读习惯的培养，全民性的阅读推广活动也应运而生。

英国从1992年起开展"阅读起跑线"计划，重点关注了学龄前儿童，专为他们提供阅读指导服务，这项全球性的计划也相继获得了日本、韩国、泰国、澳

---

① 黄晓勇. 中国民间组织报告（2009—2010）［M］. 北京：社会科学文献出版社，2009：13.
② 穆青. 如何理解志愿服务与志愿精神［J］. 北京青年政治学院学报，2005（3）：9–12.

大利亚、美国、智利、意大利、墨西哥、波兰、南非、印度、中国等国家的参与，产生了重要影响。1995 年，英国开展了"读者发展"活动，1998 年推出"阅读年"概念，并将 1998 年和 2008 年分别定为全国"阅读年"，自 2000 年起开启了"夏季阅读挑战"活动，2006 年开始组织了"快阅读"活动，这些都是英国国民阅读活动的突出代表。

美国早在 1975 年就成立的全国阅读活动的图书中心，成为美国全民阅读活动推广机构。1997 年，克林顿政府提出"美国阅读挑战运动"，1998 年，克林顿总统签署了《阅读卓越法》，"一城一书"活动也在 1998 年首次开展，取得了圆满成功。2001 年，美国政府颁布了《不让一个孩子落后》的教育改革法案，提出"阅读先行"计划。2006 年，美国国家艺术基金会、博物馆和图书馆服务协会[①]以及中西部地区联合艺术机构共同启动"大阅读"英文读书活动，促进国民阅读。

1988 年，德国成立促进阅读基金会，也成为德国社会阅读推广领域卓有成效的机构。德国对儿童阅读的重视程度无以复加，先后发起了阅读测量尺、朗读者俱乐部、阅读童子军等全国性的阅读推广活动，取得了良好的效果，为德国浓郁的阅读氛围的营造奠定了坚实的基础。

1995 年，联合国教科文组织宣布 4 月 23 日为"世界读书日"，阅读活动不再是国家或民族的文化特征，而成为全球风尚，全民阅读活动更是在世界范围内如火如荼地开展起来。

2012 年，加拿大"国家阅读运动（National Reading Campaign，简称 NRC）"正式以非营利组织的形式成立了，并通过《国家阅读计划》(*The National Reading Plan*)，旨在支持和发展阅读社会，促进国民平等阅读、终身阅读。2012 年，澳大利亚"全国阅读年"活动也正式举行，由澳大利亚图书馆界发起，获得了社会各界广泛支持和参与，旨在打造阅读之国，促进家庭阅读文化的发展。

对于阅读文化的重视，当然不局限于欧美国家和地区。亚洲的很多国家和地区也努力培育阅读文化，推广全民阅读，其中，新加坡、韩国、日本等国家走在前列。从 2005 年开始，新加坡每年举办"读吧！新加坡（Read !Singapore）"活动，鼓

---

① 赵启玥. 美国博物馆与图书馆服务协会发布《2016 财年美国公共图书馆调查》相关数据 [J]. 晋图学刊，2018（4）: 80.

励国人阅读,享受阅读乐趣。韩国政府在 1994 年颁布了《图书馆及读书振兴法》,2006 年,韩国政府又颁布《阅读文化振兴法》,成立读书振兴委员会。日本的阅读推广活动则开始更早,在 1959 年就建立了读书推进运动协议会。2008 年,日本国会通过《关于国民读书年的决议》,将 2010 年定为日本"国民读书年"。我国政府也高度重视文化建设,在 1997 年通过了《关于在全国组织实施"知识工程"的通知》,倡导全民读书,建设阅读社会。2000 年,全国知识工程领导小组将每年的 12 月定为"全民读书月"。2004 年 4 月 23 日,我国首次大范围、大规模地宣传、组织"世界读书日"主题活动 [①]。2005 年,中国图书馆学会成立了阅读推广工作委员会,将"倡导全民阅读"作为重要任务写入《中国图书馆学会章程》,中国的全民阅读推广活动也在逐渐展开,向全民阅读时代迈进。

正是由于各个国家对阅读的重视,阅读已经成为一种世界文化,而全民性的阅读活动和阅读推广活动往往规模宏大、范围广阔,不可能完全依靠政府进行,因此,在阅读推广过程中,除了政府组织和机构的支持、民众的参与,社会力量也发挥了十分重要的作用。志愿者作为重要的社会力量,活跃在阅读推广当中,诸如加拿大、澳大利亚的国家阅读活动也是在志愿者、非营利机构等组织的共同协助下得以成功开展。这也为志愿者更加深入地参与阅读推广坚定了基础,提供了可能。

三、图书馆志愿服务的发展

国外志愿服务发展历史悠久,很早便进入图书馆领域。在文化志愿者中,逐渐分离出以图书馆为主要服务平台,以读者为主要服务对象的图书馆志愿者。图书馆志愿者也成为专门的志愿者类型或群体,指那些不以利益、金钱、扬名为目的,志愿为了知识信息的自由、平等、广泛有序传播而参与图书馆服务或活动并进而奉献社会的个人或团体 [②]。随着志愿服务的深入和图书馆功能的扩展,志愿者的服务内容也从图书馆基础服务,包括图书借阅、书库管理、咨询服务等向图书馆延伸服务拓展,美国、加拿大、澳大利亚、新加坡等国家的公共图书馆中,

---

① 王翠萍,刘通 . 中美阅读推广比较研究［J］. 情报资料工作,2012（5）：96–101.
② 徐恩元,黄黄 . 我国图书馆志愿者研究综述［J］. 图书馆论坛,2011,31（6）：102–108,114.

图书馆志愿服务形成了一些特色项目，如西雅图公共图书馆的"家庭作业帮助者（Homework Helpers）"活动，新加坡公共图书馆每个季度推出一项"图书馆馆藏资源选择、评价（Library collection matters se–lection，reviews）"活动等，都是图书馆特色志愿服务活动的代表，深受读者的欢迎。欧美等发达国家和地区也对图书馆志愿服务进行了持续性的探索，并形成了较为完善的图书馆志愿者管理体系和服务机制，包括志愿者的招募、培训、管理、反馈等，充分发挥志愿服务的功效，开展优质的图书馆服务。

1996 年以后，我国的许多公共图书馆、高校图书馆陆续引进了志愿者服务。而志愿服务的引入，在图书馆界也产生了较大的反响。上海图书馆、深圳图书馆、重庆图书馆、广州图书馆等图书馆都十分重视志愿者队伍的建设和志愿服务内容的创新，在图书馆志愿服务的探索上取得了一定的成果。图书馆志愿者也在图书馆服务中起到了广泛的作用。图书馆志愿服务不但在弥补工作人员与经费不足、促进图书馆与社会的开放交流、推动公共图书馆精神传播等方面发挥了作用，而且为志愿者实现自我价值、培养社会责任感搭建了平台，产生了一定的社会效益[1]。

阅读推广服务也逐渐成为志愿者参与图书馆服务的一项重要内容。无论是在国外的图书馆志愿服务中，还是在国内的图书馆志愿服务中，阅读推广志愿项目都是其中的一个亮点。澳大利亚悉尼公共图书馆的"对话和工作坊"、深夜图书馆、电脑培训、儿童与青少年活动、"书友会"等活动，美国洛杉矶郡公共图书馆的"讲故事助理"活动，加拿大多伦多图书馆的"导读"服务等，都是图书馆阅读推广志愿服务项目的成功实践。我国的图书馆志愿服务发展较晚，但是在积极借鉴国外经验、结合自身情况进行探索的基础上，也出现了很多阅读推广志愿服务的有益尝试，形成了一些宝贵的经验。一方面是专门的阅读推广志愿者队伍的建设，一方面是图书馆阅读推广志愿服务项目的探索，在儿童阅读推广、全民阅读推广、特殊读者阅读推广等方面都出现了一些经典案例。如苏州图书馆"阅读宝贝计划"阅读推广项目、沈阳图书馆的"星期六剧场"、浙江图书馆的"文澜讲坛"、辽宁

---

[1] 谌缨，王利贞，王凯丽.公共图书馆志愿者管理与效能探索［J］.图书馆，2016（10）：103–107.

图书馆的"对面朗读"项目等，都取得了良好的阅读推广效果，志愿者的参与则是活动取得成功的关键要素之一。

随着信息化时代的发展，图书馆志愿服务也将呈现出新的面貌，迎来新的发展。而在图书馆阅读推广方面，志愿者仍然具有不可替代的价值，志愿者参与图书馆阅读推广依然具有重要意义。

第二节　志愿者参与图书馆阅读推广的意义

一、对于图书馆的意义

图书馆作为公共文化服务机构，阅读推广是其使命之一。志愿者参与阅读推广为图书馆的阅读推广提供助力，有助于图书馆更好地履行公共服务的职能，更好地完成阅读推广的使命。

首先，传播图书馆精神。图书馆精神既包括信息公平、和谐包容的精神，也包括开放合作与资源共享的精神，图书馆精神和志愿精神也有契合之处。吸收志愿者参与图书馆阅读推广，可以更好地推动全民阅读，促进信息公平的实现，让更多的读者共享图书馆丰富的馆藏资源和服务。而志愿服务与图书馆服务的结合，本身也是合作和资源共享的表现，是图书馆精神的题中之义。志愿者在图书馆阅读推广服务中的参与行为是图书馆精神的体现，同时又有助于图书馆精神的传播。

其次，加强阅读推广的队伍建设。在传统的图书馆阅读推广中，馆员承担着全面的阅读推广工作，但是基础服务占用馆员大部分的时间，阅读推广面临着馆员数量不足、馆员素质参差不齐等尴尬问题。志愿者为阅读推广服务补充了充足的新鲜血液，具有专业特长的志愿者们组成的阅读推广志愿者队伍成为图书馆阅读推广的大军，为图书馆阅读推广服务的顺利进行提供了条件。

再次，优化阅读推广服务。志愿者的出现为图书馆提供了更多的智力支持，志愿者可以在图书馆阅读推广活动的策划、组织、开展、评价等各个阶段发挥相应的作用，帮助图书馆优化阅读推广服务。志愿服务与图书馆阅读推广服务的结合，不仅仅丰富了阅读推广参与人员的背景，大大优化图书馆工作人员的知识结构，更是服务理念、服务方法、服务内容的融合和创新。来自不同背景，具有相同兴趣和热忱的志愿者能够创造更多的阅读推广形式，提升阅读推广服务的质量。志愿者在参与图书馆阅读推广活动中，也在客观上扩大了图书馆的群众基础，使图书馆的阅读推广活动更易被读者接受，提升阅读推广服务的质量。

最后，促进社会力量共同参与阅读推广。阅读推广是一项复杂的活动，需要多方面的参与，只有更多的社会力量参与进来，更多的社会资源得到合理的整合，阅读推广活动才能获得更大的成功，产生更大的影响。志愿者的参与为其他社会力量的介入提供了可能，可以带动更多的社会力量共同参与到阅读推广的实践中。

二、 对于志愿者的意义

志愿者参与到图书馆阅读推广服务中，完成从读者到工作者的角色转变，除了对阅读推广工作的贡献之外，对自身的发展也有重要意义。

第一，自我价值的实现。在阅读推广服务中，志愿者承担了重要角色，运用自己的聪明才智、时间和精力推广阅读，甚至引导和指导读者阅读，既可以收获完成任务的成就感，也是自我情感的实现和自我价值的肯定。

第二，知识和技能的增长。阅读推广活动对于志愿者的要求较为严格，针对志愿者进行的专业培训以及志愿者本人在参与阅读推广服务中的实践，都有助于增强志愿者的相关技能，帮助志愿者增长新知、扩展视野，增强解决实际问题的能力。

第三，人际合作能力的提高。阅读推广服务不同于一般的图书馆服务，需要志愿者与读者进行广泛的沟通和持续的接触。阅读推广活动的效果很大程度上取决于志愿者能否与读者深入沟通和交流、有效地传播阅读理念和方法。通过与读者的互动，志愿者可以显著地提高与人沟通的能力与技巧，而在推广过程中与其他志愿者、馆员、读者的配合与协作也是对志愿者合作能力和团队意识的锻炼。

三、 对于读者的意义

志愿者兼具读者和图书馆阅读推广服务者的身份，对读者而言具有天然的亲切感。志愿者参与图书馆阅读推广服务，减轻了图书馆阅读推广服务与读者的距离感，让读者可以更加轻松地参与其中。

一方面，可以减少读者与图书馆之间的隔阂。志愿者的参与改变了传统阅读推广中"有人宣传，无人理会"的局面，分担了馆员的工作量，更多的志愿者参与其中，使馆员有精力也有时间在阅读推广的宣传过程中与读者互动，解答读者的咨询。不同于以往"摆摊式"的阅读推广，志愿者的参与使阅读推广变得更加贴近读者，拉近了与读者之间的距离。

另一方面，读者的阅读需求可以得到更好的满足。兼具读者身份的志愿者，对于读者的需求有更直观、更切身的感受，在设计活动、开展活动时能够充分考虑读者的需要，在面对读者的反馈时也能够形成更加合理的认同，增强了读者在阅读推广中的获得感和体验感。

总之，图书馆的阅读推广需要志愿者的参与，志愿者的参与不仅能够改善图书馆的阅读推广服务现状，为读者提供更加人性化的服务，也能够拓展阅读推广服务的内容和形式，帮助图书馆更好地开展社会阅读活动，改善国民阅读状况，提升社会阅读风气。

第二讲
志愿者及其组织形式

第一节　志愿者和志愿服务

一、志愿者

"志愿者"一词来源于拉丁文中的"voluntas"，意为"意愿"，英文为"volunteer"，它的内涵要比拉丁文更加丰富。由于历史、文化、政治等方面的差别，不同国家或地区对志愿者的定义不尽相同。在西方，志愿者是指不受私人利益的驱使、不受法律强制，基于某种道义、信念、良知、同情心和责任感，为改进社会而提供服务、共享个人时间、才能及精神，而从事社会公益事业的人或人群。联合国将"志愿者"定义为"不以利益、金钱、扬名为目的，而是为了近邻乃至世界进行贡献活动者"。1985 年 12 月 7 日，第 40 届联合国大会通过决议，从 1986 年起，每年的 12 月 5 日为"国际促进经济和社会发展志愿人员日（International Volunteer–Day for Social and Economic Development）"。由于译法不一致，我国大陆和港台地区对志愿者的称谓也有所不同，如台湾地区称之为"志工"，香港地区称志愿者为"志工"或"义工"，是指在不为任何物质报酬的情况下，为改进社会而提供服务，共享个人时间及精神的人。我国学者一般认为，志愿者是在不谋求任何物质、金钱及相关利益回报的前提下，为需要帮助的人士提供服务、贡献个人的时间及精神的人。

综上所述，虽然对志愿者定义的表述略有不同，但对志愿者的本质要求是统一的：具有志愿精神；自愿性，非强制性；无偿性，非营利性；运用自己的知识、专业和特长；公益性等。中国青年志愿者协会也对"志愿者"进行定义："志愿者是不为物质报酬，基于良知、信念和责任，志愿为社会和他人提供服务和帮助的人。"我国于2017年发布的《志愿服务条例》进一步明确志愿者是"指以自己的时间、知识、技能、体力等从事志愿服务的自然人"。

志愿者种类繁多，根据不同标准分为相应类别。按照志愿者的年龄，可以分为以大中专学生为主体的青年志愿者、中年志愿者以及老年志愿者；按照志愿服务目的及功能，可以分为救济性、互助性、公共服务性以及公民参与性等几种类型的志愿者；按照志愿服务或领域的不同，可以分为医疗志愿者、科普志愿者、消防志愿者、文化志愿者以及其他专业特长志愿者等。其他如奥运志愿者、世博会志愿者、马拉松志愿者等专项活动志愿者也屡见不鲜，并且发挥了重要作用[1]。各个志愿者类型时有重叠或交叉，统一于整个志愿者概念之下。

1979年，第一批联合国志愿者来到中国的偏远地区，从事环境、卫生、计算机和语言等领域的志愿服务工作。20世纪80年代中期，民政部号召推进社区志愿服务。1994年，中国青年志愿者协会成立。中国的志愿者事业逐步发展，中国志愿者的队伍也日渐壮大，志愿者本着爱心与热忱，越来越多地参与教育文化、交通安全、环境保护、卫生保健、经济发展、治安维护、科学研究、运动休闲等各项公共服务中，促进各项公共事业的发展。同时，中国志愿者的身影也开始频繁地出现在世界的舞台上。

二、志愿服务

志愿服务起源于19世纪初，其前身是西方国家宗教性的慈善服务，欧美国家的志愿服务已有较长时间的历史。到了19世纪末20世纪初，随着社会问题的增多和社会矛盾的加剧，国家和政府的力量开始介入，欧美等一些国家或地区先后通过了一系列有关社会福利方面的法律法规。立法行为规范和推动了慈善服务

---

[1] 高和荣. 文化志愿者队伍的建设与完善——基于厦门的研究 [J]. 湖湘论坛，2012（6）：81-86.

的大规模展开。大量募集和动员志愿人员的活动逐渐出现，公众的广泛参与，实际上促进了现代意义上的志愿服务的生成。第二次世界大战以后，志愿服务被看作是公民参与社会的重要途径，其发展状况也成为"公民社会"完善程度的标志之一，西方国家的志愿服务工作进一步规范化。在概念上，志愿服务开始强调每个人参与社会事务的权利和促进社会进步的能力，以及对社会繁荣、共同进步所承担的义务和责任。志愿服务也逐渐扩大成为一种广泛性的社会服务工作。无论是现在的发达国家还是发展中国家，无论是国内社会还是国际社会，志愿者都扮演着越来越重要的角色。志愿服务已成为世界性的潮流，也成为促进社会进步的重要力量。联合国将 2001 年定为"国际志愿者年（International Year of Volunteers，简称 IYV）"，以表达对于志愿服务的重视和鼓励。随着志愿服务的发展，其概念和内涵也在逐步扩大。

在《全球志愿者宣言》（*The universal declaration on volunteering*）中，联合国从宏观的角度对志愿服务做出了界定："志愿服务是每个文化与社会中的一环，志愿服务有很多表现方式，从传统习俗的互助到社区危机及时的处理，并且致力于解除痛苦，解除冲突与消灭贫穷"[①]。

简言之，志愿服务指任何人自愿贡献个人的时间和精力，在不为物质报酬的前提下，为推动人类发展、社会进步和社会福利事业而提供的服务[②]。自愿性、非营利性、公益性则是志愿服务的基本特征，志愿服务也是社会文明进步的重要标志。

在现代社会中，志愿服务已成为公民参与公共生活的一种积极方式和重要平台，覆盖到社会的方方面面，志愿服务既体现了公民的社会责任，也反映了公民生活品质的提高与生活方式的转变，志愿服务工作逐渐呈现出社会化、广泛化、多元化等发展特点。人们也越来越意识到志愿服务的作用，依托相对专业化的组织和指导力量进行的志愿服务成为主流，志愿服务也逐渐具备组织性特征。

---

① 全球志愿者宣言［J］. 社区，2001（10）：13.
② 李维安. 非营利组织管理学［M］. 北京：高等教育出版社，2005：217.

第二节　志愿者组织

在我国，青年志愿服务开展的重要载体是各级共青团组织；其他民间志愿服务，也多以各种非政府组织或基金组织为载体。根据我国《志愿服务条例》规定，志愿服务组织是指依法成立，以开展志愿服务为宗旨的非营利性组织。

志愿者组织是公民在不计报酬、自愿奉献自己的时间与精力为他人服务的过程中自发组织起来的民间组织。在国外，它被归为"第三部门"，"非营利性组织"或"非政府组织"的行列。在中国，则被归为"社会中介组织"或"民间组织"的行列。[①]志愿者组织作为非政府、非营利组织的重要组成部分发挥着其特有的社会功能和效用。

非营利组织（Non–Profit Organization，简称NPO），也被称作"非政府组织"、第三部门、志愿组织等。它是社会中既非政府亦非企业的机构和组织的总称，具有组织性、非营利性、民间性、自治性、志愿性五个特征[②]。根据美国萨拉蒙教授总结的六个特征，非营利组织的概念就应该是：根据国家法律注册的独立法人，该组织具有一定的组织机构，具有民间性，不作为政府的一个分支机构，也不受政府官员的辖制，不以营利为目的，不受外部控制，自我治理，在组织活动和管理中具有相当程度的志愿性并以服务于某些公共目标和为公众贡献作为组织使命[③]。

在我国，非营利组织主要分为社会团体、社会服务机构和基金会三类，也称其为社会组织。近些年来，我国的社会组织数量显著增长，直观而鲜明地反映了我国非营利组织的发展，庞大的数量也为非营利组织参与公共服务活动奠定了坚实基础。随着非营利组织的持续发展和影响的不断扩大，非营利组织广泛参与公共服务，并且发挥着政府组织所不能替代的重要作用，很好地填补了"市场不为"和"政府不及"之间的空缺，有效地弥补了政府在公共服务领域内的一些不足，业已成为公共服务的供给主体之一，在扶贫、环保、教育、社区服务等诸多

① 祝灵君. 志愿者组织、志愿精神与政党领导［J］. 中共中央党校学报，2005（3）：42–47.
② 莱斯特·M. 萨拉蒙，等. 全球公民社会：非营利部门视界［M］. 贾西津，魏玉，等，译. 北京：社会科学文献出版社，2002（3）：191.
③ 张鸣旭. 我国非营利组织志愿者现状研究［J］. 管理观察，2016（24）：55–58.

方面发挥着日益重要的作用。而志愿服务也在非营利组织中占据重要地位。根据中国社会组织网的统计，2017 年，我国社会组织总数量突破 80 万个的关口，达到 801083 个，较 2016 年增加了 8.77%。在志愿服务方面，2017 年，中国志愿者总数为 1.58 亿人，经测算实际有 6093 万名活跃志愿者通过 131 万家志愿服务组织参与了志愿服务活动，服务时间 17.93 亿元，志愿者贡献价值 547.97 亿元 [①]。

在中国，非营利组织的管理与国外有所不同，政府的性质更为突出。非营利组织的成立和发展需要在政府职能部门的管理和监督之下，其发展也借助了政府组织的动员力量。以中国共产主义共青团的"青年志愿者"为例，其发展和活动的开展都不能离开共青团的平台和载体。伴随社会治理创新、社会组织改革，随着我国非营利组织的发展和管理水平的进步，政府逐渐放宽对非营利组织的限制，鼓励更多专业性的非政府组织注册和发展，志愿服务组织的发展也呈现出多元化趋势，志愿服务蓬勃开展，助力社会公益事业顺利进行。2016 年，中共中央宣传部等八部委印发《关于支持和发展志愿服务组织的意见》，提出"坚持创新发展、多方参与。着力推进志愿服务组织、志愿者与志愿服务活动共同发展，筑牢志愿服务组织基础。鼓励国家机关、群团组织、企事业单位、其他社会组织和基层群众性自治组织建立志愿服务队伍，引导民生和公共服务机构开门接纳志愿者，形成志愿服务工作合力，扩大志愿服务社会覆盖" [②]。中国的志愿服务也开始向新的发展阶段迈进，展现出新的活力。

目前，我国志愿服务组织形式主要有三种类型：

一是中国青年志愿者组织，它是中国共产主义青年团中央委员会下属的中国青年志愿者协会的从属组织，主要是配合共青团团中央和各级共青团的地方组织开展活动，它与国家机关及企事业单位的志愿者组织相互交叉或融合，如工会志愿者组织、环保志愿者组织等。中国青年志愿者协会是中国目前最大的志愿组织，它所组织的活动往往以项目为主，具有很强的组织和协同性。

二是中国社区志愿者组织，接受业务主管部门民政部和国家社团登记管理机关的业务指导、监督、管理，也是中国当前的大型志愿者组织之一。社区志愿服

---

① 杨团 . 慈善蓝皮书：中国慈善发展报告（2018）［M］. 北京：社会科学文献出版社，2018：120.
② 关于支持和发展志愿服务组织的意见［EB/OL］.［2018–07–20］. 新华社 .http：//www.xinhuanet.com/2016–07/11/c_1119199194.htm.

务以街道为主体，以居委会为依托，动员社区居民为社区群众提供各种社会福利和社会服务，是一种群众性的志愿服务活动。社区志愿者队伍是创建和谐社区的主力军，也是社区居民相互了解和交流的纽带，包括老年协会、环保志愿队、社区治安巡逻队、社区党员志愿者队、义务服务队、义务调查队等。

三是其他志愿服务组织，多是由民间自主发起，以推动公益事业为宗旨而提供无偿服务的民间志愿服务组织。包括中国大型社会团体的志愿者组织，如中国红十字会、中华全国慈善总会及其他地方组织、中国老龄科技工作者协会、中华全国妇女联合会等所属的志愿者团体，也包括其他"草根"志愿服务团体和组织。在中国志愿服务的发展和变化的进程中，志愿服务组织的创新和变化也呈现良好势头。进入新时期，中国广泛进行社会改革、治理创新，推动政府管理体制转型，对公益类社会组织的管理也更加科学合理。因此，许多民间志愿者团队和组织获得进一步发展和支持，逐渐成为中国社会治理创新的新生力量。

第三节　图书馆志愿者与图书馆志愿服务

在公民广泛参与志愿服务的大背景下，社会对于志愿者和志愿服务的要求也在不断提高。志愿者和志愿服务逐步向专业化方向发展，志愿者和志愿服务的类型也更加丰富。其中，很多志愿服务都与我国弘扬和传播先进文化、陶冶民众情操、丰富民生文化生活等密切相关，这样的志愿服务，我们称之为文化志愿服务，这样的志愿者我们将其归类到文化志愿者类型之中。

在"中国梦"的号召下，在新时代的征程中，坚定"文化自信"成为全党和全国人民的共识，文化交流与传播日益频繁，公共文化蓬勃发展，文化志愿者队伍日趋壮大，文化志愿服务已成为促进社会和谐、构建现代公共文化服务体系的重要助推器之一。

文化志愿服务不同于一般的服务活动，应具备三个特征：一是专业性。参与文化志愿服务的志愿者，需要具备一定的专业知识和文化素养，才能更好地促进公共文化服务事业的发展。二是导向性。文化志愿者以文化为载体履行文化服务时，具有鲜明的价值导向性，需要将核心价值观与民族性、时代性结合起来。三是传播性。文化志愿者作为文化的承载者和传递者，每一项服务都是对文化的一种传播，包含着文化的交流与互动，具有鲜明的传播性。

文化志愿者既需要具备一定的文化、艺术特长或专业素养，又需要充分发挥自己的特长，提供专业的文化志愿服务，传播特定的文化价值和内涵。综合而言，文化志愿者是指那些不以物质报酬为目的，利用自己的时间、文艺技能等自愿为社会和他人提供公益性文化艺术服务和帮助的人。文化志愿者活动包括文化推广、艺术鉴赏、科学普及、知识培训、文艺演出等。

随着文化志愿活动的蓬勃发展，文化志愿者在队伍扩张的同时，也出现了更多类型或专业的文化志愿者。图书馆志愿者首先在国外出现，并取得了良好的效果，随后被引入国内。作为文化教育事业的图书馆服务是公共服务，图书馆引入志愿服务标志着志愿服务进入图书馆服务领域。作为在特定行业服务的文化志愿者群体，图书馆志愿者一方面要具有志愿精神，另一方面需具备从事图书馆志愿服务的时间、知识、能力等资源和条件。因此，我们认为，图书馆志愿者应当是在不以获取物质报酬为目的，志愿为图书馆提供服务，贡献个人的时间、精力及技术的人或者人群。

一、图书馆服务与志愿服务的结合

（一）二者本质上相契合

图书馆服务作为公共文化服务的一种，与志愿服务，特别是文化志愿服务有很多相似的地方，二者的精神内涵，即图书馆精神与志愿服务精神也有强烈的共鸣。可以说，图书馆在公共文化服务方面发挥着举足轻重的支点作用，文化志愿服务则是公共文化服务体系建设的一项重要内容，二者在本质上存在天然的共性。志愿精神作为一种利他主义和慈善主义的精神，与图书馆的服务精神、人文精神在内涵上也存在显著的关联。

首先，文化志愿服务与图书馆服务在性质上有诸多相似之处。一方面，文化志愿服务与图书馆服务在服务方式和手段上都是以提供公共文化产品和文化服务为主，二者在公共性、服务性和文化性等方面不约而同。另一方面，作为志愿服务中的有机组成部分，文化志愿服务不以获得物质报酬为前提，致力于提供全方位的、公益性的文化服务。图书馆则是公益性文化事业单位，其宗旨就是为人民群众提供基础的公共文化服务设施。二者在非营利性和公益性方面别无二致。

其次，图书馆精神与志愿精神之间有强烈的共鸣。在图书馆服务行为和文化志愿服务行为背后，是图书馆精神和志愿精神的张扬。而不论是图书馆精神还是志愿精神，二者都是以人文精神和人文情怀为基础。第一，自由平等的人文精神。范并思在纪念英国曼彻斯特图书馆创建周年时提出公共图书馆精神要点有两点：一是平等服务，二是免费服务[①]。平等自由的人文精神同样渗透在志愿服务中，构成了"志愿精神"的精髓。"志愿者"是每个公民的权利和义务。无论年龄、身份地位、资格和收入情况如何，每个人都可以也应该参与志愿服务或成为志愿者，并在志愿服务中表达自己的公民权利。第二，助人的人文精神。图书馆精神和志愿者精神都强调帮助他人、服务社会，这也是图书馆和志愿服务公益性特点的内涵支撑。第三，共享的人文精神。志愿服务提倡"共享个人的精力、才能和精神"，从事社会公益事业，而图书馆的建立正是基于知识共享的理念。因此，无论是志愿者精神还是图书馆精神，都充分体现着共享的人文精神。

（二）图书馆自身发展的需要

图书馆作为非营利性公益事业，以社会效益为追求。充分开发、利用图书馆公共资源，宣传扩大图书馆社会影响是图书馆发展的必由之路。在我国建设精神文明、加强"文化自信"的时代背景下，图书馆需要更加主动地发挥其文化功能，在文化建设中发挥更加积极的作用。在此过程中，如何协调和调动各种社会资源，共同促进图书馆的发展，无疑是图书馆必须认真思考的课题。志愿者则是社会资源中不容忽视的组成部分，图书馆可以对他们进行招募和管理，是有效利用社会力量的创新举措。而志愿者们不计报酬、怀着强烈的兴趣和高度的责任感帮助图书馆提供读者满意的活动，是图书馆建设和发展的新鲜血液和有益助力。志愿者队伍的建设情况和服务质量，也是对一个图书馆文化吸引力、综合管理能力、社会影响力进行判断的依据之一。

---

① 范并思. 维护公共图书馆的基础体制与核心能力——纪念曼彻斯特公共图书馆创建 150 周年[J]. 图书馆杂志，2002，21（11）：3–8.

（三）图书馆进一步开放的要求

大多数志愿者都来自图书馆的读者群体，他们既是图书馆服务的受益者，又是图书馆服务的工作者。他们拥有双重视角，既了解图书馆服务中最使读者舒适和满意的地方，也了解读者想要在图书馆服务中寻求什么。正是由于这种身份的双重性，志愿者成为图书馆与读者之间沟通和交流的桥梁和纽带[①]。开馆有益，图书馆志愿服务的引入，符合图书馆的开放精神。而志愿者在宣传图书馆文化、为读者和图书馆提供更多服务的同时，在读者和志愿者角色的转换中，更能发现图书馆存在的一些问题和不足，能够改善图书馆的服务，进一步促进图书馆更加合理地开放，使广大的读者受益更多。

图书馆具有吸引志愿者、使志愿精神发扬光大的客观优势和现实土壤，而志愿者作为强大的社会力量，在服务过程中可以促进图书馆的发展，帮助图书馆更好地履行使命、服务读者。

二、 图书馆开展志愿服务的意义

公共图书馆开展志愿服务具有多方面的积极意义。

一是补充人力，提高服务能力。图书馆常常因为工作人员少、平均服务对象太多而无法充分满足读者的需要，也无法提供更精准的服务。志愿者的引入，为图书馆服务提供了充足的人手，缓解图书馆中读者人数众多而工作人员配置不足引起的服务不及时、不周到、不精确的尴尬，改善部分图书馆服务中存在"心有余而力不足"的情况，提高服务能力。

二是注入活力，提升服务质量。志愿者自愿、主动、热忱地参与图书馆服务，无形中提升了图书馆的形象。而图书馆志愿者与正式馆员不同，他们基于自身的兴趣而从事志愿服务，因此充满更多的活力和热情。此外，图书馆志愿者可能来自各行各业，具备各种各样的专长，图书馆志愿者的出现也可以为图书馆注入新鲜血液，有助于提高图书馆服务的质量和水平。

三是拓展服务项目，丰富服务内容。图书馆志愿者的出现，提供了社会力量介入图书馆工作的方式，为今后社会力量以多种形式参与图书馆事业铺平了道路，

---

① 许铭瑜. 少儿公共图书馆开展志愿服务探析［J］. 河南图书馆学刊, 2012, 32（6）: 86–89.

对图书馆事业的发展将会产生深远的影响。图书馆可以充分利用图书馆志愿者在基础业务之外开展延伸服务，国内外图书馆已经开始多方面的尝试，这将拓展图书馆的服务项目，开辟新的图书馆服务领域，其中包括助残服务等。

四是增强读者互动，扩大社会影响。图书馆志愿者不同于馆员，他们一般都是深入到读者中，为读者提供近距离的帮助和服务。读者与志愿者之间的沟通，增强了读者的认同感，实际上增强了图书馆与读者间的互动，帮助图书馆吸引读者。图书馆志愿者的双重身份——读者和图书馆工作者在帮助读者更好地获取图书馆服务的同时，也有效促进图书馆功能的充分发挥，帮助读者树立图书馆意识，培养阅读习惯，从而提高图书馆的文化吸引力、社会影响力。

与此同时，图书馆的志愿服务活动，也为志愿者提供了丰富的实践体验和学习机会，他们可以在图书馆环境下、在志愿服务过程中开阔视野、积累知识、增长能力、自我成长。而对于读者而言，志愿者的出现有利于营造一个良好、舒适的阅读环境，使读者享受到图书馆更为优质、人性化的服务，优化自己的阅读体验。

基于此，越来越多的图书馆认识到了志愿者参与图书馆服务的重要性，图书馆志愿者服务也在更高层次和更大范围内开展起来。2012 年，作为国家标准正式颁布实施的《公共图书馆服务规范》中就包含志愿活动的条款——公共图书馆应导入志愿者服务机制，吸引更多的图书馆工作人员和社会公众加入志愿者队伍[1]，文化部也在第五次公共图书馆评估定级标准中首次将"志愿者管理"纳入了考评内容。

三、图书馆志愿者工作内容概况

图书馆志愿者的工作内容或服务内容是基于图书馆的基本业务和延伸服务展开的，我们分别称之为常规服务和延伸服务。

（一）常规服务

主要是协助图书馆员完成图书馆日常工作，主要包括读者咨询导航服务、图书整理、图书馆宣传推广及大型活动的支持等工作。在提供常规服务的过程中，志愿者更多扮演的是一种义务馆员的角色，协助图书馆更好地发挥其功能。

---

[1] 中华人民共和国国家质量监督检验检疫总局，中国国家标准化管理委员会 .GB/T 28220—2011 公共图书馆服务规范 [S].北京：中国标准出版社，2010.

1. 读者咨询导航服务

图书馆志愿者在图书馆读者咨询台或咨询点、服务大厅、借还书处、参考咨询部门及阅览室等公共区域解答读者基本咨询，引导和协助读者使用查询机，为读者提供计算机使用、网络查询及数据库检索的指导服务，协助读者解决资料检索上的问题，引导读者文明读书等。

2. 图书整理服务

主要包括新书加工处理、修补图书、图书上架整架等图书流通基本工作。

①新书加工处理：在采编部门进行图书验收、登录建档、粘贴书标、图书加工。

②修补图书：修补破损图书与书标。

③图书上架整架：在总借还台预约书架整理，将归还的书刊进行分类并排架，书架整理还原等。

3. 活动支持服务

是指志愿者协助图书馆开展讲座、展览、读者培训、社会教育等活动。志愿者负责协助图书馆开展会务或展览的筹备、策划、接待、讲解、翻译或主持等工作。其中也包括读者培训活动，如为读者介绍便利的计算机应用工具和使用方法等知识也需要志愿者的协助和支持。

4. 阅读推广服务

以多种形式向社会公众推介公共图书馆服务，传播图书馆文化和扩大图书馆影响往往也需要志愿者的参与。图书馆借助志愿者开展阅读推广活动，挖掘公共图书馆的潜在读者，帮助图书馆充分发挥其文化枢纽的功能，推进全民阅读，助力阅读型社会的建设。如加拿大多伦多图书馆志愿者每周至少为学生提供 1 小时的免费导读服务，通过一起读书、一起游戏等方式帮助学生养成爱阅读的好习惯。英国的图书馆每年都会招募志愿者协助图书馆开展"暑期阅读挑战"活动，志愿者的主要工作就是协助馆员开展活动，向孩子们宣传这项活动并鼓励他们报名参加，倾听孩子们讲述他们读过的书籍，协助活动的宣传推广等。

（二）延伸服务

随着现代图书馆的发展，图书馆志愿者以常规服务为基础，也积极参与图书馆的延伸服务，甚至形成一些由图书馆志愿者主导的特色服务项目。如：

1. 知识辅导服务

志愿者为青少年等特定群体提供免费的知识辅导，丰富图书馆文化的内涵，拓展图书馆功能区间。如：美国西雅图公共图书馆的"家庭作业帮助者"计划，为青少年提供免费的作业辅导；纽约图书馆的"创新实验室"项目，营造轻松的学习环境，借助先进的多媒体电子设备辅助教学，帮助孩子们获得21世纪的必备技能，获得技能提升和自我身份认同等。

2. 外语志愿者服务

图书馆志愿者协助图书馆为读者提供免费的语言交流和学习平台。如美国西雅图图书馆的西班牙语学习强化项目、我国国内很多大型图书馆开展的"英语角"系列活动。

3. 特殊读者陪护服务

主要针对特殊人群和少儿读者开展的陪护服务，比如为视障读者开展以下志愿服务：盲用电脑培训、给视障读者讲电影、上门送取书服务、助行服务以及特定咨询服务等。

4. 图书馆在线服务

比如志愿者为读者提供网上咨询服务，在线回答读者咨询。又如"虚拟图书馆志愿者"，工作内容包括：测试图书馆主页、数据库、下拉菜单的可用性及图书馆与社区信息库的链接是否有效等。当发现问题后，他们以电子邮件的形式通知图书馆处理，这样可以有效提升图书馆的线上服务质量，优化读者使用图书馆数字资源的体验。再如具有相当专业背景的志愿者进行数据制作及整理，协助进行图书馆纸质文献的数字化、数据库的建设等。

图书馆志愿者的服务内容，因各个图书馆的优势和相关读者的需求而有所不同，除了以上列举的服务类型之外，还有其他多种多样具有特色的志愿服务活动。图书馆志愿者在这些志愿服务中扮演了主要角色，承担了重要职责。在信息化高度发展和网络通信技术日益发达的今天，除了传统意义上的志愿者以外，还出现了"网络志愿者"。网络志愿者既可以是通过网络招募的志愿者，也可以是通过网络环境参与志愿活动的个人或团体。进行图书馆在线服务的志愿者，也应该在网络志愿者的范围以内。因此，在传统的图书馆志愿者之外，应该注意到图书馆网络志愿者，在传统的图书馆线下志愿服务之外，应该开拓和发展图书馆网络或线上志愿服务。网络环境条件是网络志愿者参与公共图书馆服务的主要途径，公共图书馆所提供的各类服务机会和场所设备条件是网络志愿者参与公共图书馆服务的前提条件，目的在于协助公共图书馆更好地为社会大众提供其所需的服务内容。随着服务路径的拓宽和服务内容的丰富，今天的图书馆志愿者在图书馆服务中可以发挥更大的作用。

四、志愿者参与图书馆阅读推广志愿服务

阅读推广旨在使广大人民群众了解阅读内容、推送馆藏文献、提高阅读兴趣、培养阅读习惯，从而促进全民阅读，提升全民族的文化素养。公共图书馆在国家或地区阅读推广工作中承担重要任务。吴晞认为，阅读推广是图书馆的根本任务，是图书馆历史发展的必然结果，是图书馆行业生存和社会文化发展的需要[①]。

阅读推广是图书馆的基础性业务，也是志愿者参与图书馆服务的主要途径之一。志愿者的参与可以搭建图书馆与读者双向沟通的桥梁，拓展阅读推广的服务形式，提升阅读推广的服务质量，保障阅读推广的服务成效。为了更好地发挥图书馆的功能，提供优质的图书馆服务，积极开展阅读推广工作，国内外图书馆也越来越重视志愿者在图书推广中的作用。近年来，随着我国全民阅读的氛围日益浓厚，公众对图书馆的需求不断提升，吸纳有专业特长、有教育经验、有阅读推广热情的志愿者积极参与到阅读推广活动中，并加强专业化培训，建立完善的培训、认证、评价及激励体制，使图书馆志愿者成为阅读推广工作中的生力军，也成为广大图书馆的共识。在部分图书馆尤其是一些国外图书馆，已经形成了相当完备的机制，甚至开发了由志愿者主导的阅读推广特色项目。志愿者全程参与图书推广工作，保证了图书推广工作的有序性和完整性。志愿者在阅读推广中的广泛和深入参与，有效解决了全民阅读推广活动人力资源欠缺等问题，使社会力量得到有效运用，成为全民阅读推广的重要助力。

---

① 吴晞. 任务、使命与方向：图书馆的阅读推广工作［J］. 图书馆杂志, 2014, 33（4）: 18–22.

（一）志愿者参与阅读推广活动的服务队伍建设

优质的阅读推广活动需要一支有规模的专业团队。图书馆志愿者补充了图书馆人力上的不足，为图书馆建设阅读推广专业队伍提供了保障。而图书馆志愿者自身浓厚的兴趣和专业背景，为专业队伍的建设提供了条件。志愿者在专业的培训下，可以成为一支专业的阅读推广队伍，成为图书馆推广阅读服务的得力助手。

（二）志愿者参与阅读推广活动的策划与组织

活动的前期策划关系着整个阅读推广活动的成败。志愿者为图书馆提供的不仅是人力支持，更重要的是智力支持。在活动前，志愿者分工合作，进行活动的资料收集、分析、策划，使活动内容和形式更贴近读者。而随着阅读推广服务队伍的扩大，阅读推广活动的选择也可以增加，开发更大规模和更高层次的阅读推广成为可能。

（三）志愿者参与阅读推广活动的宣传

在活动宣传中，来自不同背景、兼具读者身份的志愿者具有群众优势，他们更加接近读者和群众，更易在读者中产生更显著的宣传效应，可以有效地吸引读者，调动读者的参与热情，可以在更大程度上加强宣传效果；在宣传过程中，他们能综合利用多种宣传方式，依靠 QQ 群、微博、微信等多种媒介和平台，更快、更直接、更接地气地宣传活动内容，形成更加广泛的宣传效应。

（四）志愿者参与阅读推广活动的开展

在阅读推广活动开展过程中，志愿者可以与专业馆员紧密合作、密切配合，共同保证活动的正常进行。志愿者还可以结合专业知识，通过自身经历与读者分享阅读经验、传授阅读技能、传递阅读信息，甚至可以推出"一对多""一对一"的分流式推广，提高活动的效率，使阅读推广活动取得预期效果。

（五）志愿者参与阅读推广项目的创新与改进

在阅读推广过程中，志愿者的参与使得读者和图书馆的沟通更加通畅，通过相互之间的交流，读者能够更加直接、明确地对相关活动提出建设性的意见或建议，图书馆也可以在第一时间收到读者的反馈，及时做出改进。通过总结，可以不断完善相关活动或项目的细节，创新活动内容和形式，优化阅读推广服务，提高图书馆的服务质量和读者满意度。

国外志愿者参与阅读推广的理论和实践

第一节　国外志愿者参与阅读推广的历史回顾

　　阅读推广是图书馆基本业务之一，旨在维护民众阅读权利、推动全民阅读运动。凭借图书馆良好的阅读环境、丰富的阅读资源、专业的馆员、广泛的读者覆盖范围，图书馆在阅读推广中起着不可或缺的作用。国外发达国家或地区阅读推广的历史悠久，特别是欧美图书馆在阅读推广中发挥着主要作用。仅以美国为例，99.6% 的图书馆都提供民众阅读活动，从幼儿到年长者，都是其推动阅读的对象[①]。而在志愿服务进入图书馆以来，志愿者便参与到图书馆工作中，在各项服务中发挥积极作用，阅读推广活动是图书馆志愿者参与的主要活动之一。

一、美国

　　美国的志愿服务起源较早，后来逐渐发展成为政府以外社会民间的广泛行动，在美国社会产生重要影响。美国一直注重阅读推广活动，将阅读作为国家文化发展和公民素质提高的重要途径，特别重视儿童时期阅读习惯的养成，在政府层面和社会层面都有较大投入。美国国会早在 1977 年就立法通过成立国会图书馆阅读中心，宣传和实施阅读推广。此外，美国还设有"阅读遍及全美日""免费漫

[①] 陈昭珍.公共图书馆与阅读活动［J］.台北市立图书馆馆讯，2003，20（4）：1–13.

画日""好奇日"等多个与图书相关的纪念日。据美国国会图书馆网站统计结果显示，截至2016年底，美国50个州均在全州范围内举办过"一城一书"活动，活动总数为2360次，由公共图书馆协助或直接举办的活动为1852次，占活动总数的78%，参与的公共图书馆达到549所 ①。美国志愿者积极参与到社区和图书馆服务中，自20世纪70年代起，美国公共图书馆已经广泛招募志愿者参与图书馆工作，如俄克拉荷马市图书馆于1972年开始招募志愿者。美国积极通过法制建设促进志愿服务，在1973年通过了《国内志愿服务法》。之后，先后颁布《国家和社区服务法》《志愿者保护法》等。随着志愿者法制建设的逐渐完善，志愿服务获得了进一步发展，进入21世纪以后，志愿服务开展更加广泛。志愿者参与图书馆建设也十分普遍。在2007至2008财政年度，美国洛杉矶郡公共图书馆共有2177个志愿者，全年提供117538个小时的志愿服务，相当于120个半职人员的工时 ②。美国西雅图公共图书馆2007年共有481名志愿者工作了19502小时。在2007至2008年间，其共拥有志愿者2000人，累计服务117538小时，服务内容涵盖"青少年社区服务""法院转介服务""普通办公室助理""讲故事助理""图书馆向导"等，该馆具备完善的志愿者服务体系,志愿服务覆盖全部区域 ③。美国南卡罗来纳州里奇兰德县公共图书馆开展了长达10年的图书馆青少年志愿者服务计划，招募9~15岁青少年志愿者为图书馆提供服务累计3797小时 ④。图书馆志愿者积极参与到图书馆举办的阅读推广活动中，如洛杉矶郡图书馆的"故事时间"、西雅图图书馆的"读书小伙伴"、南卡罗来纳州里奇兰德县公共图书馆的"青少年志愿者服务计划"等都有志愿者参与的身影，这些阅读推广活动也在志愿者的参与下顺利开展，取得了良好的成效。

二、加拿大

加拿大的第一个志愿服务中心建立于1937年，在此之后，加拿大的志愿服

---

① The Library of Congress ［EB/OL］. ［2017-01-07］. http://www.read.gov/resourc-es/.

② 方家忠. 美国洛杉矶郡公共图书馆的组织、管理和服务［J］. 图书馆杂志，2010, 29（8）: 43, 61-67.

③ 吴迪. 海外图书馆志愿者的经验及启示［J］. 图书馆学研究，2009（1）: 80-81.

④ 杨杰. 公共图书馆文化志愿者服务案例启示［J］. 图书馆学刊，2017, 39（5）: 47-50.

务不断向规范化、制度化发展，在全国范围内共建立了 200 多个志愿者服务中心。早在 2001 年的统计中，加拿大每年有 1/3 的公民参加志愿服务，累计时间超过 10 亿小时。①

志愿者业已成为加拿大社会文化的标志之一。作为加拿大国民阅读计划之一的"国家阅读运动"，在 2008 年初就吸引了众多志愿者。志愿者的参与使得加拿大的国家阅读计划顺利推进，成为全民阅读推广的典范。在加拿大，志愿者参与阅读推广具有重要意义，志愿者参与图书馆志愿服务也极其常见。以加拿大最大的图书馆多伦多图书馆为例，志愿者在图书馆服务中相当活跃。2009 年度，多伦多图书馆读者接待量为 1750 万人，各项图书馆服务的顺利进行离不开志愿者的强力支持。其中包括多伦多图书馆根据自身规划和读者需求提供的各项特色服务，如就业培训、语言培训、儿童及青少年服务等。其中，"志愿者导读"就是一项非常成功的图书推广活动项目。导读主要针对青少年读者，图书馆志愿者每周至少为他们提供 1 小时的免费导读服务，通过一起读书、一起游戏等方式帮助学生养成热爱阅读的好习惯。加拿大另一个大型公共图书馆——埃德蒙顿公共图书馆也十分强调志愿者的参与。而志愿者参与的"读书会""阅读知己""志愿者学院读书会"等阅读推广项目也在读者中受到热烈欢迎，取得了良好效果。也正是基于在图书馆服务和阅读推广方面的非凡成就，2014 年 6 月，加拿大埃德蒙顿公共图书馆被美国《图书馆期刊杂志》（*Library Journal Magazine*）和盖尔·圣智学习出版公司（Gale Cengage Learning）命名为"2014 年度图书馆（2014 Library of the Year）"，这是第一次由美国以外的图书馆获此殊荣②。

三、澳大利亚

志愿服务在澳大利亚也有良好的社会基础。志愿者的服务领域基本涵盖了社会各个方面。据统计，在 2010 年，澳大利亚约有 640 万人投入志愿服务中，占

---

① 联合国秘书长安南在 2001 国际志愿者年启动仪式上的讲话［EB/OL］.［2014 –05 –15］. http: // www.people.com.cn/GB/shizheng/252/6135/6139/20010918/563834.html.

② Fantastic free programs for all ages at the library［EB/OL］.［2014–10–30］. http: //www.epl.ca/sites/ default/files/images/Mar–keting/epl–library–sep–dec–2014.pdf.

成人总数的 38%，18~24 岁的青少年也有约 60 万人参加到志愿服务当中①。而澳大利亚国家图书馆在 1989 年就正式实施了"志愿者服务项目"，经过不断改进和发展，逐步形成成熟的运行机制和完备的管理系统，社会公众可以通过该项目参与和支持图书馆服务提升。澳大利亚也在 21 世纪初提出"全民打造阅读之国"，2012 年也成为澳大利亚"阅读之年"，图书馆协会和各大图书馆在活动中发挥了主导作用，社会各界热情参与。澳大利亚对图书馆志愿者的要求很高，有着成熟的招募、培训和评估机制。同时，图书馆十分重视志愿者权利的维护，将其作为重要的图书馆员工和人力资源。志愿者也参与到具体的阅读推广项目之中，如悉尼公共图书馆开展的阅读推广活动就包括对话和工作坊、深夜图书馆（Late Library）、电脑培训、儿童与青少年活动、书友会五种类型②。志愿者在各个类型的活动中贡献自己的时间和精力。政府和相关机构的积极组织，图书馆的积极推动，专业志愿者的高度参与，使澳大利亚的阅读推广活动取得了很大的成功。

四、英国

英国的读书活动贯穿全年，每年单是学校、图书馆、书店所举办的庆祝活动便已超过 1000 项。在 1992 年，英国几家慈善机构联合发起"阅读起跑线"计划，旨在强化儿童阅读习惯，推广全民阅读，2004 年，英国政府设立专门机构"Sure Start"，为"阅读起跑线"计划提供经费支持和辅助管理。该计划也是世界上首个针对学龄前儿童提供阅读指导服务的全球性计划。英国广播公司（BBC）的"大阅读（Big Read）"活动，也是一次成功的大型全民阅读推广活动。

英国对于公共图书馆的建设十分重视，公共图书馆的数量之多也非常瞩目。公共图书馆责无旁贷地成为推动阅读的重要社会力量。20 世纪 80 年代末，部分图书馆与社会力量合作，开始举办一些文学作品与非小说作品的推广活动。1995 年，雷切尔·冯·里尔提出了"读者发展"的理念，将阅读提升为一种创造性的活动。此后，阅读推广活动也在英国的公共图书馆广泛开展。英国图书馆协会于 2001

① 刘通.澳大利亚国家图书馆志愿者服务实践及对我国的启示［J］.图书与情报，2012（1）：27–30，76.

② 刘双喜.悉尼公共图书馆阅读推广活动研究［J］.图书馆界，2017（5）：57–59.

年公布了《图书馆志愿者服务指南》，鼓励民众参与到图书馆志愿服务中。事实上，大多公共图书馆都引进了志愿者，志愿者在英国公共图书馆开展主要活动方面发挥了重要作用。志愿者们通过讲述故事、读书活动等方式进行阅读推广工作。同时，在英国还有一种特殊的图书馆志愿服务和图书推广服务类型，即英国公共图书馆普遍为视障人士提供的服务活动。英图书馆的视障读者服务也为图书馆界树立了典型。它是英国公共图书馆与专业志愿组织相结合的产物，以保障视障人士充分享受到图书馆的服务，而这样的活动对于阅读推广也产生了重要影响，也是英国全民良好的阅读传统和氛围的体现。

五、日本

日本也将阅读推广摆在十分突出的地位，通过立法促进阅读推广的顺利进行，提高国民对阅读的重视。1995 年，日本筑波大学附属图书馆开展志愿者活动可视为最早开展志愿者工作的图书馆。1998 年，日本政府就开始实施"清晨读书"规划，专门针对在校学生提出晨读的要求。2001 年 12 月，日本文部科学省制定了《儿童读书活动推进法》，随后各地区踊跃开展 "推进儿童读书计划"。2005 年，日本国会又通过了《文字·活字文化振兴法》，大力推动国民阅读。

对于志愿者活动的普及，日本图书馆界的做法和成就值得称道。在 20 世纪 70 年代末，日本公共图书馆已经引进志愿者活动。1986 年 12 月，日本社会教育审议会社会教育设施分会提出了 "完善社会教育设施，促进志愿者活动"的报告，报告要求各种社会教育设施如图书馆、博物馆等要积极引进志愿者活动。随后，无论是公立图书馆，还是大学图书馆都开始积极招募志愿者。1987 年，日本公共图书馆就是否开展志愿者服务、动机、活动内容等进行了一次全国性调查。调查对象为都道府县仅图书馆、市町（城镇）村中央馆已开展该项活动的，市立图书馆占 70%，町占 39.7%，都道府县占 39.7%。[①]尤其在儿童阅读推广方面，图书馆和志愿者密切配合，取得了巨大成效。除了在图书馆开展故事会、联欢会等推广活动外，志愿者还对幼儿园、小学进行访问，举办读书交流会和新书介绍会等，阅读推广活动不仅可以开展起来，还可以开展出去。日本图书馆也已形成完

① 张铁娥，富月娥. 日本大学图书馆界志愿者活动简介［J］. 图书馆杂志，2002（4）: 65–66.

备的志愿者工作体系，志愿者的参与，甚至终身志愿者的参与，既是日本图书馆正常运转的保障，也成为图书馆进行阅读推广等图书馆特色服务的有益补充。

从国外志愿者参与阅读推广的历史回顾中可以清晰地看出，发达国家和地区十分重视志愿服务和阅读推广。分别作为志愿服务和阅读推广主体的志愿者和图书馆则在志愿服务和图书推广中逐渐结合，并产生了良好的效果。国外的志愿服务活动和图书推广活动起步早、发展快，为志愿者参与图书推广活动提供了很好的经验和借鉴。同时，随着时代的进步和社会的发展，随着图书馆功能的扩展，志愿者将更加广泛和深入地参与图书推广活动，为阅读推广工作提供更加丰富的内容和形式。

第二节　国外志愿者参与阅读推广的理论研究

国外志愿服务历史悠久，已经形成了相对成熟的机制和体系，国外一些国家或地区的图书馆志愿者活动开展较早，或已形成规范，值得我们学习。近年来，图书志愿者在我国全民阅读和文化建设的大背景下逐渐兴起，关于图书馆志愿者问题的研究也在不断增加。而对于国外图书馆志愿者的研究无疑是其中一个重点，也取得了不少研究成果，其中也涉及国外志愿者参与阅读推广活动的研究。

一、国外自身对图书馆志愿服务的研究

国外特别是欧美的图书馆志愿服务理论研究在很早就已经开始，为国外图书馆志愿服务的制度完善和活动开展奠定了基础。

有关图书馆志愿者的较早的著作是 1945 年 玛丽·弗兰克·梅森（Mary Frank Mason）所著的《病人的图书馆：医院图书馆志愿服务指导手册》，主要讲述医院图书馆环境下如何开展志愿服务。最早的关于美国图书馆志愿者的硕士论文是南康涅狄格州立大学的海伦·C. 蔡斯（Helen C. Chase）于 1966 年所作的《社区图书馆志愿者》，作者在分析美国图书馆志愿者历史的基础上，对社区图书馆的志愿者进行了调研。

　　1971 年 4 月，美国图书馆协会出版了《图书馆志愿者使用指南》，积极推动图书馆志愿服务的开展，并对图书馆志愿服务做出明确的规定。1984 年，美国马萨诸塞州斯普林菲尔德市图书馆的约瑟夫·卡瓦略（Joseph Carvalho III）引述了多位图书馆研究者对图书馆志愿服务的研究观点，讨论了图书馆志愿者在图书馆中的角色定位。1988 年,美国得克萨斯大学奥斯汀分校的罗里娜·罗伊(Loriene Roy）对美国伊利诺伊州范围内 52 家图书馆中使用志愿者的情况进行调研，促进了志愿服务在美国的普及。美国罗得岛州巴林顿市樱草山学校的谢丽尔·麦克亨利（Cheryl A. McHenry）在其文章《图书馆志愿者：招募、激励并留住他们》中，就图书馆志愿者的招募、培训、保留等一系列机制进行了探讨。1993 年，美国宾夕法尼亚州克拉里昂大学图书馆学学院的拉舍尔·卡普（Rashelle S. Karp）指出志愿者可以从事多种类型的服务，如书籍维护、教英文、参考咨询服务、说故事、发展口述历史工作等，并对图书馆志愿者的组织计划进行探讨。1999 年，美国密歇根州普莱森特图书馆顾问卡罗尔·斯莫尔伍德（Carol Smallwood）发表《小型图书馆馆员在培训学生、成人助理、实习生和志愿者过程中的最新技巧》。2002 年，美国图书馆学会编撰了《管理图书馆志愿者：实用手册》，为图书馆提供了操作指南和实施细则。2007 年，美国华盛顿州立大学图书馆的艾丽卡·妮可（Erica A. Nicol）和科雷姆·约翰逊（Corey M. Johnson）在《图书馆志愿者：项目构建、评估及理论分析》中回顾了图书馆志愿服务发展的历史，探讨了图书馆志愿者服务的优缺点。2011 年，印度孟买 H.R. 商业经济学院的马杜里·提坎（Madhuri Tikam）在《图书馆志愿服务的结果：学生志愿者的期望是什么》中对印度孟买大学图书馆的学生志愿者进行了调查研究，他指出，志愿者加强了图书馆与读者之间的联系。图书馆应该推出更加丰富和具有挑战性的服务项目以吸引志愿者参与其中。2013 年，美国圣路易斯公共图书馆的莱斯利·霍尔特（Leslie E. Holt）在《同图书馆志愿者一起走向成功》中强调了志愿者在图书馆中的重要作用，列举了志愿者参与图书馆服务的成功案例，其中也不乏阅读推广的优秀实践。

二、国内对国外图书馆志愿服务的理论研究

　　随着志愿者，包括图书馆志愿者在国内的普及和推广，国内对图书馆志愿者

的研究逐渐增多，其中以国外图书馆志愿服务为研究对象进行学习研究，也是一个重要方面，主要集中于实践应用研究。

2002年，山西大学图书馆的张铁娥、富月娥在《日本大学图书馆界志愿者活动简介》中对日本大学图书馆志愿者活动进行专门考察，对所涉及的主要志愿者活动进行了详尽介绍，内容涉及组织体制、人员构成及活动内容等方面，对我国早期的图书馆志愿服务工作的开展具有指导和帮助意义。

2009年，深圳图书馆的吴迪发表《海外图书馆志愿者的经验及启示》，以美国西雅图公共图书馆、新加坡公共图书馆等为例，就图书馆引入志愿者实践经验进行介绍。重点介绍了海外图书馆招募机制、特色的服务内容、规范的管理制度、完善的激励机制等，其中志愿者参与的图书馆的特色服务中就包括丰富多彩的阅读推广活动。

广州图书馆的方家忠以交流馆员的身份对美国洛杉矶郡公共图书馆进行考察，介绍和分析了该馆在组织、管理和服务等方面的情况，指出美国公共图书馆以服务的对象化实现服务的细化、深化，针对不同群体设计不同的服务项目。于凝雨也对洛杉矶郡公共图书馆的志愿服务管理进行了进一步研究，详细介绍了该馆在志愿者招募、志愿者定位和培训、志愿者责任义务以及志愿者工作方面的方式和特点，为国内的图书馆志愿者服务提供了全方位的借鉴。其中也涉及"讲故事助理"等优秀的志愿者阅读推广工作的内容。

湘潭大学的杨红梅则以加拿大多伦多图书馆为例探讨其行之有效的志愿者管理机制，着重介绍了志愿者工作、志愿者招募和培训，志愿者考评和权利等完整的志愿者服务相关情况。馆中开展的成人教育、青少年家教、导读、青少年顾问、邮件投递等特色志愿服务活动，充分发挥了志愿者的专长，丰富了志愿者项目的层次。

北京大学的刘通从志愿者服务内容与时间、招募与培训、权利与义务、评价与协议等方面详细介绍了澳大利亚国家图书馆志愿者服务实践的情况，总结了澳大利亚国家图书馆开展志愿服务的特点，深入探讨了澳大利亚国家图书馆志愿服务对我国图书馆志愿者服务的启示。

武汉大学汪海波、杨燚所著的《图书馆志愿者服务的理论与实践》是一部关于图书馆志愿者研究的专著，阐述图书馆志愿者服务的内容、特点和作用，指出我国目前图书馆志愿者服务存在的问题，并总结了国内外图书馆志愿者服务的实践，对图书馆志愿者服务的开展具有重要的参考价值。

江苏省委党校图书馆的薛静以美国纽约、西雅图、洛杉矶公共图书馆为例，分别对三个图书馆的志愿者服务项目进行分析。从项目内容和类别上看，三个图书馆的志愿服务项目中主要分为图书馆业务、知识拓展、社区建设等内容，共同包含基础业务、阅读推广等方面的志愿服务项目。揭示美国图书馆志愿者服务项目规范化、制度化的特点，指出应该从顶层设计、制度制定、宣传、社会资源利用、服务机制完善等方面来加强公共图书馆志愿者服务工作。

除了对图书馆整体志愿服务进行研究，还针对某一代表性项目做了专门研究和考察。如山东省图书馆的白兴勇以伊利诺伊州图书馆知识素养项目为例对美国图书馆志愿者项目的探究，涉及项目起源、内容、运作、成效等情况的具体分析，而该志愿项目的成功实践对于阅读推广具有重要作用。

也有针对图书馆阅读推广活动专门进行的研究。南京大学信息管理学院的陈雅、陆红如在《中美公共图书馆阅读推广活动比较与分析》中通过推广对象、主导团体、渠道与方式及特色活动等方面的比较，分析和归纳中美公共图书馆阅读推广活动中的差异。广州图书馆的刘双喜在《悉尼公共图书馆的阅读推广活动研究》中具体、详尽地进行介绍悉尼公共图书馆阅读推广活动的同时，也论述了阅读推广活动的特点。

纵观这些对国外图书馆志愿服务的研究，志愿者无疑是研究中不容忽视的关键对象，他们是图书馆志愿服务活动，包括阅读推广活动中的重要参与者。国外针对图书馆志愿者的研究程度较为深入，内容涉及图书馆志愿服务工作的方方面面，兼顾理论研究和实践应用研究，已经形成了体系。国内的研究多以案例或项目出发，主要集中在实践应用研究方面，理论研究较为薄弱。然而，这些研究将会进一步发展，取得更多研究成果，成为志愿者进一步参与阅读推广活动的理论基础。

第三节　国外志愿者参与阅读推广的实践

　　国外志愿服务的踊跃开展，使志愿者更多地参与到文化建设中来。国外无论是整体的志愿服务还是专项的图书馆志愿服务，都在历史的发展中逐渐成熟，积累了相当丰富的实践经验，建立了较为完善的制度体系。阅读推广作为国家或区域性的重要文化建设和服务项目，其中也不乏志愿者的身影。而在图书馆服务中，阅读推广也是主要的公共文化服务功能之一。志愿者的广泛参与，使阅读推广活动取得了更加丰硕的成果，在此过程中，许多公共图书馆也在志愿者的帮助下策划和开展了丰富多彩的、各具特色的阅读推广服务。根据 2015 年的一项调查统计，服务人口 50 万以上的美国公共图书馆中，有相当一部分图书馆专门设置了"儿童阅读活动""成人阅读辅导"等志愿者岗位进行志愿者招募[①]，足以说明志愿者在图书馆阅读推广中的重要性。国外志愿者参与阅读推广不仅开始早、历时长，而且成效显著，成功案例也不胜枚举。

一、加拿大

（一）加拿大多伦多图书馆的导读服务

　　加拿大多伦多图书馆为培养读者的阅读习惯，提升阅读效果，针对青少年，尤其是少年儿童推出了导读服务。项目招募符合条件的志愿者，帮助小读者们进行阅读活动。导读活动每周举办一次，时长为一个小时，志愿者们通过与孩子们一起读书、一起游戏的方式，跟他们互动、交流，帮助他们充分体验阅读的乐趣，提高阅读的兴趣，培养良好的阅读习惯。在志愿服务过程中，志愿者不仅需要完成导读服务，还需要做好每周的活动记录，总结学生的学习状况，并借此与家长沟通，使他们及时了解孩子的学习和进步情况。除了主要的导读服务外，帮助孩子们进行家庭作业的辅导，也是志愿者们需要承担和完成的任务。

　　多伦多图书馆制定的科学合理的志愿者制度保证了志愿服务的有效开展。在导读服务中，首先是对志愿者提出了与导读服务相契合的招募要求，包括英语流利、

---

① 白兴勇，张晓梅. 美国公共图书馆志愿者现状调查与分析［J］. 图书馆理论与实践，2017（1）：85-90.

易于与儿童相处及沟通、具备独立的工作能力、善于角色扮演等，为活动的开展准备了条件。其次，对志愿者工作职责也做了明确和细致的规定，如组织导读例会、组织学生集体阅读、参加与阅读相关的游戏和活动等、做好活动记录等，保证了导读服务的效果。在强调对志愿者管理的同时，多伦多图书馆也十分重视对志愿者权益的维护。对优秀志愿者进行表彰、为志愿者提供交通及餐费补助、规定志愿者享有图书馆全部服务权限等，都是保障志愿者权益的具体措施。因此，在导读活动中，志愿者的能力得到了高效的利用，志愿者的价值也得到了充分实现。

（二）加拿大埃德蒙顿公共图书馆"阅读知己"读书会活动

"阅读知己"是加拿大埃德蒙顿公共图书馆的一对一阅读推广项目，由初高中学生担任志愿者，以阅读和游戏为主要活动内容，为2~4年级的小学生提供热情周到的阅读指导服务。"阅读知己"通过高年级学生与低年级学生配对阅读的方式，合理利用不同年龄段学生之间存在的天然亲切感，发挥高年级学生对低年级学生的带动效应，有效地提升小知己伙伴的阅读、写作能力和对话能力，激发活动参与者的阅读兴趣。

项目对志愿者的招纳形成了完整的流程规范。首先，志愿者申请人必须符合相关条件，如热爱读书、有与低年龄段孩子进行互动的能力和经验、有出色的沟通能力、有团队合作精神、有耐心和热心等。其次，申请成为"阅读知己"的志愿者必须由推荐人填写递交一份推荐表。推荐人必须是成年人，不能是自己的家人或朋友，可以是你的老师、教练、青年组织的领导或者是认识你的专业人士。再次，申请人还必须与图书馆签署《志愿者协议》，提交父母或监护人的同意书。最后，申请人需要通过"成为阅读知己志愿者"的定向培训，接受图书馆的考查。

一方面，"阅读知己"在志愿者的选择上别出心裁，招募13~17岁的高年级学生志愿者，大大减少了志愿者与读者之间的隔阂和距离感，采取一对一的方式对"小知己"进行更有效、更直接的阅读指导。而"大知己"在进行阅读指导的同时也可以收获更多的阅读乐趣和自身阅读指导等能力的提升。另一方面，"阅读知己"的志愿者招募流程严谨、规范，同意书、协议书等确保了志愿者及其监护人对志愿活动的了解，培训则确保了志愿者的服务能力，细致、规范的流程设计也可以避免许多问题，为活动的顺利开展奠定基础。

二、日本

（一）里庄町儿童读书活动推进计划

在日本，地方性或区域性的阅读推广是阅读推广的重要形式，取得了很多的成果。地方性的儿童阅读推广也受到普遍重视，里庄町也实行了儿童阅读推广计划，志愿者通过图书馆参与其中。

在志愿者的协助下，图书馆联合家长一起开展儿童读书活动。如：在图书馆开展读书交流会，区别不同年龄的儿童，根据不同年龄的阅读兴趣和能力为他们选取不同的图书进行阅读交流；招募和培养志愿者，或与其他志愿者团体合作，将童话故事演绎成玩偶剧搬上舞台，经常在图书馆、学校、幼儿园等地方上演；志愿者还走出图书馆，到幼儿园、小学举办读书交流会和新书介绍会等。此外，志愿者们也积极利用图书馆场地对学龄儿童进行课业辅导。

与之类似，福冈县儿童读书推进计划也重视图书馆作用的发挥。公共图书馆需要招收和培养志愿者为阅读推广活动服务，同时，还要向幼儿园、卫生站、学校等地方派遣志愿者，举办阅读活动，推动阅读推广。

日本的阅读推广中，地方政府发挥了重要作用，将阅读推广作为一项专项工作进行落实，充分发挥相关机构的功效，联合各种社会力量形成强大合力，统一推进阅读推广工作。让志愿者走出去，是日本地方图书馆进行儿童阅读推广采取的一个有效措施。在阅读推广中，图书馆作为主要基地的地位毋庸置疑，但是图书馆的服务模式并不是一成不变的。通过让志愿者走出去，可以更加主动地接触到阅读推广的受众。而对于儿童读者，尤其需要采用这样的方式，可以借助学校、幼儿园等力量直接、有效地开展阅读推广活动，同时也有利于培养儿童对图书馆和阅读的亲切感。

（二）图书馆"对面朗读"服务

日本的许多图书馆中都提供"对面朗读"服务，所谓"对面朗读"服务，是对于不能正常利用常规图书馆文献的特殊障碍读者提供的一种有效的服务方式，主要是为保障特殊读者的阅读权利，图书馆组织朗读者将图书文字资料转换为声音提供给读者，帮助读者进行阅读和学习的服务措施。这项服务也已成为图书馆常设服务中的一种。这项服务针对特殊读者群体，既包括有视力障碍的读者，也包括老年读者。冈山县立图书馆为老年读者设置了朗读室。室内藏有大量的有声书，也配备了电脑设备可供扫描发声阅读。同时，阅读室也可以提供一对一的"对面朗读"服务。读者可以通过电话预约等方式（必须提前预约，少则两天，多则一周）预定服务，在选定日期享受到志愿者提供的朗读服务。其他如大阪府立中央图书馆、横滨市中央图书馆、琦玉县新座市立图书馆、东京都港区立图书馆等都设有"对面朗读"服务。

大阪府立中央图书馆"对面朗读"服务则主要针对视力障碍读者持续开展。读者需要在图书馆进行情况登记，经过审核后就可以享受朗读服务。读者可以提前电话预约，图书馆则按照读者要求提供接站服务，然后读者到馆内进行阅读。如果读者不能如约到馆内享受面对面的朗读服务，图书馆则将志愿者的朗读进行录音并寄送给读者。横滨市中央图书馆为了提高"对面朗读"服务的质量和效果，定期举办朗读讲习班，进行朗读技巧的专题培训。

日本的阅读推广服务非常人性化，充分考虑和照顾到特殊读者的阅读困难和需求，努力提供优质和贴心的服务。特殊读者与一般读者不同，他们受一些客观原因限制，不能够直接利用常规的图书馆资源，往往需要图书馆给予更多的帮助，而日本图书馆"读者至上"的理念在特殊读者服务中也得到了充分的体现。

三、美国

（一）西雅图公共图书馆

西雅图公共图书馆是较早开展志愿者活动的图书馆之一，图书馆志愿活动的开展也已经形成常态，建立了完善的志愿者服务机制。西雅图图书馆阅读推广服务在总馆和分馆同时或者分别进行，其中不少项目具有鲜明的志愿者印记。

"故事时间"活动。这项活动旨在为"故事时间"参加者提供一个有趣和愉快的阅读环境。志愿者在活动中承担助理的角色，协助布置和清理房间，接待和欢迎参加活动的家庭，同孩子们一起唱歌、做手工等，辅助"故事时间"活动的开展。

学习伙伴活动。该项目是为在灯塔山（Beacon Hill）、哥伦比亚（Columbia）、纽荷里（NewHolly）、雷尼尔（Rainier Beach）和西西雅图（West Seattle）分馆为K-5（学前班到小学五年级）学生举办的教育强化项目。项目招募青少年志愿者协助馆员开展活动，青少年志愿者与学生一起阅读、学习和游戏，在提高学习技巧的同时也收获阅读的乐趣。

西雅图图书馆对于志愿者在阅读活动中的作用有清晰的定位，志愿者往往是一个协助者或者辅助者的角色。这就要求图书馆与图书馆工作人员在设计和开展阅读推广服务时要做到精心和负责，担负起更主动和更主要的责任。这样可以保证阅读推广服务在策划和组织上的科学性和规范性，更好地发挥志愿者这一重要参与角色的协助和辅助功能。

（二）洛杉矶公共图书馆

"成人读书会讨论组"活动。每月一次的成年读者读书讨论会，旨在促进阅读推广，由志愿者配合图书馆工作人员进行组织。志愿者需要多方面协助活动的开展，包括挑选和购买相关书籍、安排讨论会具体地点、进行读书讨论活动的宣传和推广等。与此同时，志愿者作为活动参与者，也需要提前阅读相关书籍，了解作者的有关情况,准备好共同讨论的话题。这与西雅图图书馆的"图书阅读小组"相类似，志愿者协助图书馆工作人员为"图书馆阅读小组"提供导读服务，帮助图书馆做好图书阅读讨论组的协调工作，有效地引导和促进读书小组的阅读交流和讨论。

"故事达人"活动。活动每周举办一次，在两个小时的时间里，志愿者们需要通过多种形式与孩子们分享事先准备好的故事，通过讲故事的方法帮助他们进行联想阅读，激发他们对于书籍和阅读的热爱，同时，通过故事来鼓励每个孩子，帮助他们成长。

在洛杉矶公共图书馆的阅读推广活动中，志愿者的服务职能有所扩展，尤其是在"故事达人"活动中。在成人阅读讨论会中，志愿者更多是承担做好协调和辅助工作，成人们即可以积极地参与和完成互动。在"故事达人"中，志愿者在一定程度上成为活动的负责人，不仅参与活动的准备工作，也在活动开展的中心环节提供重要支持，承担主要工作。这说明在不同的阅读推广活动中，志愿者的服务方式和角色不尽相同，根据不同环境，调整志愿者的服务方式，合理安排志愿者的角色对阅读推广工作而言也十分必要。

四、澳大利亚

澳大利亚维州坎帕斯地区（Campaspe Regional）图书馆的"车轮上的文字（Words on Wheels）"志愿者活动也是一项阅读推广活动，它由"车轮上的图书（Books on Wheels）"活动发展而来。最初是图书馆为居民提供送书上门服务，后逐渐演化为讲故事活动。这项活动不同于一般图书馆的讲故事项目，其一，活动的服务对象并不限于通常所说的少年儿童，而是包括老年人在内的社区居民。其二，采取送故事上门的方式，在社区中开展讲故事活动。其三，参与讲故事活动的志愿者，也不仅仅是青年志愿者，而是以退休老人志愿者为主。上门讲故事的活动每月有 22 期，每期参与人数在 7 人 ~30 人之间，时长 45 分钟 ~60 分钟[①]，深受社区居民的欢迎，尤其是那些因活动不便或视力不佳等原因造成阅读困难的居民，也在讲故事活动中满足了自己的阅读需求。同时，读者和听众也可以进行演讲、诵读，成为故事的讲述者，参与活动互动，进一步提高自己的阅读体验。

这项活动加入了许多不同于传统阅读推广活动的新元素，使活动更加新颖，也更加富有创意。走近社区，不仅方便了读者，体现出图书馆阅读推广人性化、群众性的特点，也极大地拓展了阅读推广活动的受众群体。听故事的对象不再局限于儿童或者青少年，而是老少咸宜。而参与志愿活动的老人，以其丰富的人生阅历，真诚的公益服务热情、与人沟通交流方面的宝贵经验，对活动的顺利开展贡献了智慧和力量，同时也促进了社区的融合和老龄阅读氛围的营造。

五、德国

18 世纪末，德国曾进行了"阅读革命"，影响深远。德国的阅读推广工作也一直受到政府和全社会的关注。在德国，进行阅读推广的机构和组织数量众多，民间阅读组织也十分发达，它们也踊跃地参与到国家和社会的阅读推广项目当中。为了唤起儿童阅读的兴趣，德国开展了各种各样的相关项目，有"阅读丈量尺""全国朗读日""朗读志愿者俱乐部""读书小海盗竞赛"等。

---

① 白兴勇.美国"婴儿潮"图书馆志愿者探析［J］.高校图书馆工作，2016，36（6）：28–32.

（一）"朗读志愿者俱乐部"项目

"朗读志愿者俱乐部"由德国促进阅读基金会与德国《时代周报》联合成立。旨在召集热爱阅读和有志于参与公益阅读推广的志愿者，共同传递知识和快乐，推进儿童阅读的发展。俱乐部会通过讲座、研讨会等形式对志愿者进行培训，并会为他们颁发证书、会员卡等。志愿者们则需要充分发挥他们的感染力，与孩子一起分享阅读，开展阅读活动。德国促进阅读基金会还会为志愿者准备"读书背包"，以便定期给家长、教师等推荐阅读书目，方便他们为孩子准备阅读书籍和材料，使阅读活动得以长久持续。

（二）"阅读童子军"

2002 年，德国促进阅读基金会与莱茵兰普法尔茨州教育部共同创建了第一个"阅读童子军"项目。所谓"阅读童子军"，就是将一群热爱阅读的孩子召集起来，在同龄人之间开展多种多样的阅读活动，借助同伴的影响推广阅读活动，传递和分享阅读的乐趣和体会。而这些被招募的"阅读童子军"，也就成为阅读推广活动中的小志愿者，项目组会对这些志愿者进行培训。项目活动形式丰富，考虑到阅读推广对象的年龄和心智特点，活动在设计上也极具趣味性，如建立阅读小组、开办图书集会、进行图书交流活动、组织阅读之夜、阅读派对等。另外，项目组还与学校图书馆合作，组织开展阅读之旅和阅读露营。孩子们在这些活动中既体验到阅读的乐趣，又在阅读中建立了良好的同伴关系，阅读成为孩子们集体活动的一部分。

2017 年 5 月，"阅读童子军"项目开展了名为"手拉手，一起做（Hand in hand, do it together）"主题活动。项目组针对部分青少年阅读兴趣降低或者存在阅读障碍的问题，结合阅读介质改变的新情况，对阅读推广形式进行了创新。"阅读童子军"分组进行阅读活动，根据统一的音频和视频信息，借助手机、电脑等工具完成一系列与阅读相关的任务指令。

"阅读童子军"项目在激发和唤醒儿童和青少年阅读兴趣方面成效显著，得益于几个方面。首先，对阅读活动的重视使项目组充分研究和关注儿童心理，在此基础上，创新活动的形式将阅读与活动有益结合，使阅读成为一种具有社会性、集体性的活动。其次，充分利用了同伴效应和同龄人优势，鼓励同龄人之间的阅读分享、互动和指导，形成带动作用。最后，主动适应当下的阅读环境也是"阅读童子军"项目得以持续开展的重要原因，在不同的阅读环境下推出不同的阅读内容，使阅读活动更易于被读者接受和欢迎。

通过对诸多国外阅读推广项目的了解，不难发现，国外阅读推广内容丰富、形式多样、成效显著，总体处于成熟阶段。综合来看，国外的阅读推广基本做到了对象的全覆盖和服务的精准化，很多项目在发展中不断改进，并取得成功。除了以上介绍的项目和活动，还有很多优秀的案例，包括国家阅读计划、全面阅读活动等大型的阅读推广活动，也包括其他地区图书馆、民间阅读组织等开展的各类阅读推广活动，志愿者力量给予了广泛而有力的支持。我们不能忽视国外阅读推广活动在策划和组织方面的卓越努力，也不能忽视相关活动对志愿者的科学管理和组织，更不能忽略志愿者在众多的阅读推广活动中表现出的志愿精神和强大力量。政府、图书馆界、出版社、学校、社区、家庭、媒体、志愿者等机构和组织的共振效应，也是国外阅读推广实践取得成功的要素之一。我国的阅读推广活动需要在借鉴国外先进的阅读推广经验的同时，结合自身的实际情况，发挥政府、图书馆、志愿者等机构和个人在阅读推广中的共同作用。

第四讲

国内志愿者参与阅读推广的理论和实践

第一节　国内志愿者参与阅读推广的历史回顾

相比较国外，我国的志愿服务起步较晚，直到 20 世纪 80 年代左右才有现代意义上的志愿服务活动。欧美等发达国家或地区较早地形成了成熟、完善的志愿者服务体系，而我国的志愿服务仍在不断发展。1993 年，共青团中央发起青年志愿者行动，我国的志愿服务活动正式启动。随着志愿服务的持续升温，其服务领域不断扩大，社会影响也与日俱增，越来越多的人加入到志愿服务中，志愿服务展现出强大的推动力和广阔的发展空间，也惠及社会发展的诸多方面。

1995 年，青年志愿者服务队在北京图书馆（现国家图书馆）开展了志愿服务活动。1996 年，福建省图书馆建立了一支志愿者队伍。1996 年，福建省图书馆率先建立志愿者组织，正式开展图书馆志愿服务活动，揭开了公立图书馆正式引入志愿服务的序幕。此后，在北京、河北、广东、浙江、上海等十几个省市公共图书馆先后开展了志愿者活动。[①]不少图书馆专门成立志愿服务组织，如：2002 年，辽宁省图书馆志愿者协会成立；2005 年，上海图书馆成立志愿服务队等。图书馆志愿服务在全国范围内逐渐兴起。2006 年，中国图书馆学会统一开展多种志愿者培训项目，包括公开招募志愿者、举办志愿者工作会议、编撰教材与教

---

① 郭英 . 中美公共图书馆志愿者服务现状之比较研究［J］. 图书馆理论与实践，2012（8）：53-56.

学参考资料等，使图书馆志愿服务逐渐走向规范，也是图书馆志愿服务进入新的阶段。在我国大规模倡导推广全民阅读活动的背景下，一些省份或地方的图书馆也自主推进志愿服务工作的深入开展，如：2008年，山东省图书馆学会发出志愿者招募公告，号召全省图书馆界工作者，向县乡基层工作者讲授文化共享工程相关知识，推动全省文化共享工程建设发展；2009年，陕西省图书馆学会举办基层图书馆业务骨干培训志愿者行动；等等。2011年颁布的《公共图书馆服务规范》中明确规定"公共图书馆应导入志愿者服务机制，吸引更多的社会公众和图书馆工作人员加入志愿者队伍"，以国家标准的形式肯定和鼓励图书馆志愿者服务活动。今天，图书馆重视志愿者的引入和培训，依靠志愿者开展丰富多彩的志愿活动，提供更加优质、人性化的图书馆服务，已经成为图书馆界的共识和普遍做法。其中，阅读推广活动也是图书馆志愿服务中重要内容之一。

作为一个历史悠久，文化源远流长的国家，我们具有深厚的文化土壤，但严格意义上的阅读推广在我国起步较晚。1997年1月，中共中央宣传部、文化部等部门联合发出了《关于在全国组织实施"知识工程"的通知》，倡导全民读书，建设阅读社会。从1999年起，中国新闻出版科学研究院主持开展"国民阅读调查"，每隔一到两年便发布调查报告，公布当年的国民阅读率等数据，作为了解中国的国民阅读状况的一个重要参数。2000年，全国知识工程领导小组将每年的12月定为"全民读书月"。全国各地纷纷响应，分别举办"读书节""读书月""读书周"等丰富多彩的阅读宣传活动，如"上海读书节""深圳读书月""东莞读书节""苏州阅读节""宁波市农民读书节""浙江省未成年人读书节"等。

2003年，中国图书馆学会将全民阅读工作列入年度计划。自2004年起，中国图书馆学会负责承办每年的"全民读书月"活动。2006年，中国图书馆学会科普与阅读指导委员会正式成立，负责指导公共图书馆的文化共享和普及工作。同年，中共中央宣传部、中央文明办和原新闻出版总署等11个部门联合发布《关于开展全民阅读活动的倡议书》，首次将"世界阅读日"和全民阅读活动相结合，进行联合推广。2009年，中国图书馆协会又成立了阅读推广委员会，进一步促进全国图书馆阅读推广服务的开展，公共图书馆也成为全民阅读推广活动的主阵地。中宣部再次联合有关部门共同举办"全国全民阅读活动经验交流会"，分享优秀的活动经验，推动全民阅读的深入和创新。2013年，文化部在第五次公共图书馆评估定级工作中增加了"阅读推广活动"指标，进一步凸显了图书馆在阅读推广工作中的角色和地位。

志愿服务活动的发展和阅读推广活动的开展自然而然地在图书馆汇合，在图书馆阅读推广服务中也可以越来越多地看到志愿者的身影。以深圳地区图书馆为例，早在2003年，深圳市正式启动了"图书馆之城"建设，深圳市宝安区图书馆、龙岗区图书馆等与当地的义工联合会（简称义工联）均有密切的合作，深圳地区的志愿服务与图书馆公益服务出现交集，志愿服务为图书馆更好地开展服务提供了很大帮助，图书馆志愿服务的进一步发展也成为必然。以优质的馆藏资源为依托，以图书馆场所为载体和平台，开展多样化的阅读活动和项目，这是广大图书馆采取的阅读推广的常规途径。各个图书馆也结合自身的特色资源打造内容丰富、形式多样的特色活动，包括阅读讲堂、读书会、故事会、书目推荐和其他读者阅读活动等。志愿者在其中扮演着重要角色，甚至起到关键作用。如苏州图书馆整合优质的社会资源，与苏州高等幼儿师范学校合作推出"故事姐姐"阅读推广项目，为图书馆的幼儿读者及其家长开展志愿阅读活动，以快乐阅读的形式培养孩子们的阅读兴趣，帮助他们养成良好的阅读习惯。辽宁省图书馆实施"对面朗读"和"手语世界"项目，桂林图书馆的"英语角"项目，广州少儿图书馆开展的"剧汇星期六""小云雀姐姐讲故事"和"十万个为什么"系列项目，黑龙江图书馆"书香中国·全民读书月"和"为残疾人阅读服务"项目，河北省图书馆的"河北诗人沙龙"志愿者项目等，都在志愿者的积极参与下取得了良好的阅读推广效果和社会反响。

在我国广泛进行阅读推广的过程中，也相继出现了一些专项的阅读推广机构或组织，志愿者是其中的重要参与者。

河北省全民阅读活动在2009年全面启动，建立各级全民阅读活动组织机构。2012年7月，河北省全民阅读活动组委会办公室面向社会公开招募"全民阅读志愿者"，呼吁有爱心、乐于推广全民阅读的社会各界人士加入全民阅读志愿者队伍中来。苏州市、南京市先后成立全民阅读志愿服务总队及一批全民阅读志愿服务站。北京阅读季是北京探索的一个创新平台，也成为推动全民阅读的重要抓手和载体。2014 年，经国家新闻出版广电总局批准成为国家级全民阅读品牌，并正式更名为"书香中国·北京阅读季"。北京阅读季实施领读者计划，每年培训 2000 名阅读推广者。2016 年 8 月，吉林省新闻出版广电局面向全省征集首批全民阅读推广人志愿者，旨在通过志愿者开展各类阅读推广活动，引导全省广大群众积极参与阅读、享受阅读。近年来，上海实施了"农家书香五个一百"活动：每年向农家书屋推荐 100 种重点图书，组织 100 场科技文化讲座，评选 100 篇"农家书香"征文优秀作品并结集出版，评选 100 名书屋优秀管理员，建立一支由 100 名出版社青年编辑组成的"文化导读志愿者队伍"。

民间阅读组织在阅读推广中也起到了一定的积极作用，成为阅读推广的新生力量。民间阅读组织既包括现实中的读书会等组织，也包括网络平台上的读书社群等。值得一提的是，江苏省也是全国首个全民阅读促进会市级全覆盖的省份，截至 2016 年，已拥有具备一定规模和影响力的社会阅读组织 400 多个。2011 年 3 月，无锡江阴市香山书屋正式成立，致力于推广"全民阅读"公益活动，以服务阅读为主，开展各种公益课程、公益讲座，引导和推广读书交流活动，取得了积极效果，项目也先后被中央电视台、江苏教育电视台、《人民日报》《新华日报》等多家媒体报道。江苏省淮安市"目耕缘读书会"于 2013 年 7 月在江苏省民间读书组织中率先注册，2014 年 1 月 8 日在周恩来童年读书旧址挂牌成立，定期开展淮响好文章诵读会、目耕缘讲读堂、亲子共读、阅读文化会客厅、精读沙龙等读书活动，阅读推广效果十分显著，深受读者欢迎。再如，"北京读书人俱乐部""深圳后院读书会"、徐州市"彭城书院"等民间阅读组织纷纷出现并在阅读推广中发挥重要作用。这些民间组织之所以能够产生如此大影响，也和阅读推广志愿者们深入基层、贴合群众需要的服务密不可分，不论是在读书会还是专项阅读推广活动中，都有许多志愿者参与其中，协助活动的开展、保证阅读活动的顺利进行，他们和图书馆志愿者一样，在阅读推广中贡献自己的力量。除此之外，在信息化高度发达和数字化阅读的背景下，网络上也出现了不少有影响力的阅读和分享论坛或网络交流平台，如"豆瓣网""新浪书友会"等，这些交流平台的出现，既反映了阅读推广的新趋势，也促进了阅读推广工作的创新和发展。

综上所述，经过一段时期的探索和发展，国内志愿者参与阅读推广的形式主要包括图书馆志愿服务、各地政府发起的阅读推广机构、民间阅读组织等。图书馆是阅读推广中的主力军，图书馆志愿者则是图书馆阅读推广的生力军，在阅读推广中的作用越来越突出。各级政府发起的阅读推广机构，诸如"广东省阅读推广指导委员会""南京市全民阅读办"等，也通过一些更加接地气的方式引领全民阅读风尚。民间阅读组织在整个阅读推广过程中展示出非凡的影响力，是阅读推广不可或缺的一股力量，未来的发展前景可期。

第二节　国内志愿者参与阅读推广的理论研究

近年来，国内志愿服务取得突飞猛进的发展。无论从志愿者规模还是从志愿者服务的领域来看，我国的志愿服务都取得了长足的进步。在志愿服务的发展过程中，对志愿服务和志愿者的研究层出不穷。广东省社工与志愿者合作促进会会长谭建光教授等学者做了大量研究，是中国志愿者研究的先行者。其他学者也相继针对志愿服务的现状和问题、志愿者的管理、志愿者的权益维护等做了充分的研究。具体到志愿者参与阅读推广的研究，也大量集中在对图书馆志愿服务和图书馆志愿服务研究方面。在我国，图书馆是阅读推广的主阵地，而其他各种形式的阅读推广，大多与图书馆关联，需要借助图书馆的资源优势，或者借鉴图书馆的活动模式，或者与图书馆联合开展。因此，图书馆志愿者的研究是必须关注的重点。而我国的图书馆志愿服务起步晚，发展过程中也充分借鉴了国外优秀的研究成果和服务模式，因此，对图书馆志愿者的专门研究在志愿者研究过程中很快便独立出来，并迅速成为一个研究热点。

一、有关图书馆志愿者的基础研究

图书馆志愿者积极参与图书馆建设和服务，在图书馆中扮演日益重要的角色，自然受到研究者的青睐。最早的关于图书馆志愿者研究成果可见于1982年，湖南省图书馆的袁建新发表了《发展义务馆员是促进图书馆工作的有效措施》一文，志愿者服务开始走进图书馆领域的研究视野。西安邮电学院图书馆的汪湘在

1992 年发表了我国图书馆志愿者早期研究论文《义务管理员的实践》，总结了西安邮电学院图书馆志愿者管理的经验和具体做法。文章认为，义务管理员能起到推荐优秀图书的作用，主动地向身边的同学推荐借阅率较高、内容较好的优质图书。应该说，志愿者在最初的图书馆服务中已经起到了部分阅读推广的作用。合肥工业大学图书馆的刘彦方在《试论图书馆义工的引入》中，提出"志愿服务使图书馆从传统员工人力资源模式转变为以员工为主、志愿者为辅的新型人力资源形态"，认为志愿者是图书馆人力资源的重要组成部分，同时论述了图书馆引入义工的意义和作用，其中之一便是增强图书馆与读者间的互动，吸引读者。华南师范大学图书馆的魏承兰也认为组织义务馆员队伍是读者参与图书馆建设的新尝试，完善的管理机构、严格的规章制度、多样化的培训和活动等可以有效保证图书馆志愿服务活动的顺利和开展。盐城师范学院图书馆的吴月芳也关注到青年志愿者在图书馆中开展的志愿服务工作。深圳市宝安区图书馆的麦敏华以深圳宝安区图书馆的实践为例，探讨公共图书馆与义工组织合作进行志愿服务的内容和模式，其中义工在少儿阅览室进行的导读服务也属于阅读推广服务。青岛市图书馆的孙孝诗、赵志华等人分别撰文对图书馆引入义工开展志愿服务工作的实践进行思考和分析，在总结经验的同时，明确图书馆志愿服务的积极意义。2005 年，中山大学资讯管理系的陈永娴详细地对国内图书馆志愿者管理工作的相关问题进行了探讨，对志愿服务的积极作用和问题都进行了细致的分析，提出了应参照当地相关法规条例开展工作、规范工作流程、广泛宣传、加强人员甄选及培训指导、构建绩效评估激励体系、及时终止关系等对策，较全面地讨论了志愿者管理机制的建设。陈永娴的论文也反映了当时国内图书馆志愿者服务理论研究与实践的发展取得了阶段性的进步和成果。对于图书馆志愿者的早期研究，主要集中在图书馆引入志愿服务的实践总结及其可行性、价值等基础性探讨，逐渐向志愿者的管理机制等具体研究方向发展。

二、有关图书馆志愿者管理机制的深入研究

吉首大学图书馆的谷遇春、韩芸从不同方面对图书馆志愿者的服务和管理做了思考，对当时的图书馆志愿服务实践及其内容、作用进行了一次简要的总结，

其中也涉及阅读推广的相关内容，如谷遇春提到的"面对面朗读"志愿项目，韩芸提到的公益性服务。其后，北京大学信息管理系的邱奉捷、林志军都着重讨论了图书馆志愿服务管理的具体步骤和流程。复旦大学图书馆的许美荣、佛山市图书馆的洪文梅、宁波市鄞州区图书馆的傅爱红和广州图书馆的惠冬芳等人更进一步，聚焦于公共图书馆志愿者服务管理的反思和改进：许美荣针对招募、培训、岗位安排、奖励及约束、安全保障等环节上存在的问题提出了切实可行的改进策略，十分具有可操作性；洪文梅提出了设立管理组织、规范管理工作、制定条例与制度、建立有效招募培训机制、建立志愿者人才信息库等措施，来实现和促进图书馆志愿者服务的可持续发展；傅爱红、惠冬芳等人也对如何更好地开展图书馆志愿服务活动做了一定探讨。他们也都指出，志愿者应该发挥更大的作用，而不限于图书馆简单、机械的柜台读者服务。在公共图书馆进行志愿者服务探索的同时，福建农林大学图书馆的李美珠、海南职业技术学院图书馆的尚秀梅等人也先后对高校图书馆志愿者服务管理和志愿者培训进行了不同程度的思考，李美珠和尚秀梅都针对志愿服务发展中的一些问题提出了建设性的对策。这些研究的主要切入点和共同的关注点统一在志愿者管理机制的研究上，也包含对图书馆志愿服务更加具体、细化的分析和探讨。如湖南理工学院图书馆的邓彦的《图书馆发展志愿精神略论》，深度剖析了志愿者、志愿精神的社会意义，为图书馆开展志愿服务提供了更加坚实的理论支撑。海南医学院图书馆的林岚、符瑞锐的《义务馆员教育培训的探讨》、陕西理工学院图书馆的程荣芳在《高校图书馆学生志愿者培训研究》中对图书馆志愿者培训进行专题研究，各有侧重。海南医学院图书馆的周天旻、辽源市图书馆的李薇、黑龙江科技学院图书馆的张玉琢等人则分别以"导入 PDCA 循环"，"金字塔式"职业化管理体系、"弹性化原则"等为创新点对图书馆志愿者管理进行更加具体而微的探讨。

三、有关图书馆志愿者的多元化研究

近年来，对图书馆志愿者服务的研究更加深入和丰富，也呈现出多元化的特点。深圳图书馆的王冬阳对图书馆志愿服务进行了组织设计方面的探索，龙海市图书馆的刘羡珠以龙海市图书馆为例重点分析了县级公共图书馆的常态化机制建设，也提到了志愿者参与阅读推广研究的情况，东北大学图书馆的董光芹以其所在图书馆为例，引入伙伴关系管理模式，分析"1+1+X"伙伴计划的实施背景、组织架构、招募培训方式以及具体实践活动。东北师范大学的王彩霞在论文《东北地区公共图书馆志愿者管理研究》中、郑州大学的焦冬娜在论文《河南省公共图书馆志愿者服务研究》中，分区域对地方公共图书馆志愿服务进行研究，并指出在地区公共图书馆志愿者服务中，阅读推广类的项目也不断推陈出新。沈阳市图书馆的杨杰通过对公共图书馆志愿者服务相关文献的梳理和研究，结合国内外图书馆志愿者服务的典型案例，尤其是阅读推广志愿服务案例，对我国公共图书馆志愿者服务工作提出了建议。公共图书馆与网络志愿者合作开展阅读推广活动已成为图书馆阅读推广服务的重要发展方向之一，在此背景下，南京图书馆的陈溢对公共图书馆阅读推广与网络志愿者服务的融合模式展开研究。辽宁省图书馆的孟志丹、张焱结合对辽宁省图书馆文化志愿服务的调查，以公共图书馆文化志愿服务时间为切入点进行研究。专项研究的深入和研究成果的不断积累，表明了图书馆志愿者的价值和作用。管理的规范化、培训的专业化也更有利于志愿者们在图书馆中发挥更大的作用，也包括为图书馆完成阅读推广的使命提供更大的帮助。

四、图书馆阅读推广志愿服务项目的实践研究

在对图书馆志愿者进行综合研究和系统研究的同时，图书馆志愿者参与的志愿服务项目也吸引了研究者的关注。特别是在阅读推广的大背景下，对一些阅读推广志愿项目的专门研究也逐渐出现，既包括公共图书馆的志愿服务案例分析，也包括一些关于高校图书馆志愿者服务的案例分析。

桂林图书馆的刘晓君对桂林图书馆引入志愿者开展盲人图书馆服务的实践活动进行介绍和研究，认为对盲人服务的活动内容不应只局限于送书、还书等基础服务，应开展面对面朗读等推广类服务活动；广州体育学院图书馆的许惠玲对广州体育学院图书馆以及华北电力大学图书馆的赵丽香对华北电力大学图书馆志愿者的活动分析等；佛山市图书馆的马慧介绍了佛山市图书馆"同在蓝天下——阳光成长计划"志愿者服务项目实施情况，对开展社会性图书馆志愿者服务提出建

议；深圳图书馆的王冬阳进行了深圳地区公共图书馆志愿服务项目研究；辽宁省图书馆的王方园以"书香辽宁·阅读引领未来——图书馆嘉年华"活动为例，对公共图书馆大型读者活动志愿者培训模式进行研究；西安科技大学的李楠对苏州图书馆"悦读宝贝计划"进行研究，为我国公共图书馆开展婴幼儿阅读推广服务提供经验；黔南州图书馆的李纪英以黔南州图书馆文化志愿者服务实践为例，对图书馆文化志愿服务模式进行了探讨；等等。不难看出，志愿者参与阅读推广的身影十分明显，所做的阅读推广工作富有成效，这类研究不仅是对志愿者的关注，更是对志愿服务活动，尤其是志愿者参与阅读推广实践的关注，充分和持续的研究将对图书馆更好地管理志愿者、更好地借助志愿者进行阅读推广等志愿活动提供更多的支撑和指导。

第三节　国内志愿者参与阅读推广的实践

国内的阅读推广工作在志愿者的帮助下取得了快速发展，也产生了一批优秀的实践项目。这是在认真学习海外图书馆优质志愿服务项目、结合国内具体情况进行不懈探索、创新后的结果。特别是公共图书馆的阅读推广实践，可以充分利用馆藏优势，广泛调动社会资源，密切联系读者群体，往往能够取得良好的成效，志愿者的全情参与也是公共图书馆阅读推广能够取得成功的一个重要保障。虽然阅读推广面向的是全部读者，不论是国外还是国内都大力倡导"国民阅读""全民阅读"，许多国家相继制订国家阅读计划的初衷也是如此，但是在实际的阅读推广过程中却并不能够一蹴而就或者一概而论，而是需要针对不同读者对象进行分众、分龄阅读推广。针对不同的读者群体提供不同的文化志愿服务，以促进整体阅读风尚的形成。这不仅仅是考虑到不同读者之间差异化的需求和丰富的年龄层次，也是保证阅读推广项目优质化、多元化的要求。在国内志愿者参与阅读推广的实践中，针对青少年、成人、残障人士等不同群体，出现了多样的阅读推广项目。

一、儿童阅读推广项目

儿童阶段是关键的成长时期，也是阅读兴趣和阅读习惯的最佳培养时期。因此儿童阅读推广也成为阅读推广工作的重点。

（一）苏州图书馆"悦读宝贝计划"阅读推广项目

2011 年，苏州图书馆在苏州市文明办的支持下启动了"悦读宝贝计划"项目，围绕唱歌、对话、阅读、写作和游戏等五项内容，发展儿童阅读能力，培养儿童阅读兴趣，是一次成功的儿童（幼儿）阅读推广探索活动。

"听故事姐姐讲故事"是其中一个重要的阅读推广活动，通过游戏阅读的形式，进行儿童文学启蒙教育，使孩子们在阅读中寻找乐趣、培养阅读兴趣和习惯。活动在苏州图书馆及分馆定期举行，由图书馆进行组织安排、"故事姐姐"志愿者团队负责活动的具体开展。每期设定一个故事主题，然后围绕主题来开展形式多样的活动，包括朗读、手工、讲述、表演等，在对话、游戏和合作中感受阅读的魅力。"听故事姐姐讲故事"活动也成为目前苏州图书馆最受孩子和家长欢迎的活动之一。

"悦读妈妈"讲故事是更新的一个品牌活动。与"听故事姐姐讲故事"活动类似，"悦读妈妈"也通过多种轻松、活泼的形式与孩子们一起分享阅读。不同的是，由幼儿园老师和幼儿家长组成的"悦读妈妈"志愿者除了在图书馆开展活动外，还会深入社区、企业、幼儿园等地方为小朋友们举办故事活动，引导孩子们热爱阅读，同时也给家长们普及早期阅读、儿童营养保健方面的知识，给家长和孩子带去阅读的乐趣。

"悦读宝贝计划"的成功，源自多个方面的共同作用。首先，争取政府、社会各方的支持与合作。"阅读宝贝计划"得到了苏州市文明办、苏州市政府的大力支持，"听故事姐姐讲故事"得到了苏州市文联、市作家协会儿童文学分会等单位的协助。其次，进行优秀的志愿者团队建设。不仅包括在志愿者征集时的严格要求，也包括对志愿者队伍的专业化培训。如"故事姐姐"志愿者团队本身就由学前专业的优秀学生组成，但在志愿服务前仍然需要接受儿童文学作家、专家学者的相关培训，提升阅读指导的理念和能力。"悦读妈妈"培训专题更是开设了故事妈妈课堂、亲子阅读课堂、营养妈妈课堂、保健妈妈课堂、智慧妈妈课堂、成长妈妈课堂等，对志愿者们进行专业和严格的培训，"悦读妈妈"志愿者们不仅需要掌握指导儿童早期阅读的方法技巧，也需要学习和了解不同时期儿童的心理变化和心智发展特点。最后，服务内容和服务范围的延伸。阅读推广，特别是儿童的阅读推广活动，其内容不应仅限于阅读，而是以阅读为基础，进行多层次、多形式的兴趣探索，而活动的服务范围也可以由图书馆场所向学校和社区等地方延伸。

（二）上海市虹口区图书馆"彩虹屋的奇妙之旅"系列青少年推广活动

"彩虹屋的奇妙之旅"是上海市虹口区图书馆在实践与探索中创建的品牌活动，活动以馆员为主导，志愿者协助参与，特别注重活动形式的创新。项目创立之后，"彩虹屋"推出了"彩虹屋的科普之旅""彩虹屋的智慧游戏之旅""彩虹屋的华夏风采之旅"等形式多样的阅读推广活动，设计不同的活动内容，利用别出心裁的活动形式进行不同主题的阅读推广。

如"彩虹屋的科普之旅"面向学龄前儿童开展，旨在启发孩子对科学的兴趣。因此，活动不采用说教或科技产品展示的方式，而是通过青年馆员、志愿者与孩子们一起做实验的方式进行。"圆弧的秘密""奇妙的光色彩"等实验生动形象地向孩子们展示了科学的奥秘，也激发了孩子们对于科学知识的好奇心，在活动结束后，相关科普书籍的借阅率也出现了明显的上升。

"彩虹屋的华夏风采之旅"活动则采取更加新颖的方式，志愿者通过多种形式的互动和游戏内容增加参与者的体验感，让小朋友们学汉礼、穿汉服、诵古诗、玩投壶，在一系列的互动活动中亲身感受华夏文明的魅力，激发他们对中国传统礼仪文化、服饰文化、诗歌文化的好奇心，引导他们的阅读兴趣，并适时推荐相关书籍。

除了根据学科或读者兴趣设计不同主题，还有根据志愿者的专业和特长设置活动的情况。"彩虹屋的奇妙之旅——'大带小'阅读关爱"活动中，图书馆联合上海师范大学教育学院的大学生志愿者，充分发挥他们的专业优势，采用一对一或是一对多分体式阅读的方式，带领孩子们进行更加深入的阅读学习。"彩虹屋的奇妙之旅——大手牵小手"活动则由图书馆与民间社团"萤火虫亲子悦读馆"合作开展，有儿童教育专业背景的志愿者与馆员一起定期举行绘本阅读活动。

上海市虹口区图书馆"彩虹屋的奇妙之旅"系列青少年推广活动表现出几个突出的特色。一是活动品牌化、系列化。将"彩虹屋的奇妙之旅"作为一个重要品牌活动，提高吸引力。开展不同主题系列的阅读推广活动，积累读者的同时也可以对活动进行优化。二是活动形式的创新。针对儿童读者群体，丰富的内容需要以新颖的形式为依托，才能达到良好的阅读和推广效果。三是志愿者的深入参与。志愿者在阅读推广中扮演着重要角色，一定程度上成为相关阅读活动的中坚力量，充分发挥了陪伴、引导、激励的作用，有效促进了阅读推广。

（三）上海奉贤区"523 故事会"

"523 故事会"由一群家长在网络上发起，最初是少数家庭的故事聚会，由家长轮流讲述故事、分享阅读资源。随着影响的扩大，2009 年 12 月，奉贤区图书馆整合社会资源，正式成立了"523 故事会"，吸引了大批的家长和少儿读者参与。所谓"523"，谐音为我爱书，其中"5"指 5 个工作日，"2"即 2 个休息日，"3"就是 3 口之家[①]。

"523 故事会"每 2 周进行一次，每次活动固定为 50~60 人参加的"1+1 模式"（一位家长带一个孩子），由一名图书馆专职人员专门负责，20~30 名志愿者参与协助。"523 故事会"通过朗读故事、演绎故事、互动活动等形式，陪伴和引导孩子们进行阅读，创造开放式、交流式的阅读环境。会后，家长和孩子也会总结和回顾每期活动，互相交流讨论。

在"523 故事会"活动中，志愿者们发挥了全方位的作用。组织方面，志愿者队伍来自参与活动的各个家庭，故事会的全部活动，包括从活动召集、内容策划到道具准备、现场活动的开展等都由志愿者们组织完成，真正做到了精心准备、群策群力。在宣传方面，志愿者充分利用新媒体平台，及时发布活动预告、活动回顾,分享文章和资源,形成了良好的互动,保证了活动的参与度和满意度。同时，"523 故事会"的成长模式也值得学习和参考，它是民间社团与公共图书馆融合的有益尝试，后期更是在奉贤区文化馆的推动下成立了"523 工作室"，在志愿者发展、活动管理等方面发挥了重要作用。"523 故事会"的出现，充分说明社

---

① 宁本涛,徐凤.激活民间团队力量　提升社区教育品质——以上海奉贤"523 故事会"为例［J］.终身教育研究，2018, 29（1）: 38–42.

会力量在公共图书馆阅读推广中可以发挥重要作用。公共图书馆既要充分发挥自身影响，又要寻找有益补充，积极利用社会，特别是社团和家庭的力量。图书馆要留心社会资源，寻找社会资源，整合社会资源，特别是社会中的志愿服务力量，利用自身的场馆优势、区域优势、资源优势等吸收优质的阅读推广项目，吸引更多的志愿力量参与到阅读推广活动中。

二、大众阅读推广项目

目前，国内面向大众的阅读推广，主要采取的是公益讲座、读书节活动、图书展览等常规形式。与儿童阅读推广不同，大众阅读中的读者参与度并不理想，往往会出现读者缺失的状况，因此创新活动形式、提升活动效果是大众推广活动中需要解决的问题。部分公共图书馆也做了一些积极的尝试。

（一）沈阳图书馆"星期六剧场"

2013 年，沈阳图书馆参照国外图书馆的经验推出"星期六剧场"活动，成为一项特色的阅读推广活动。顾名思义，"星期六剧场"就是以剧场演出的形式为读者和观众更加直观地呈现文学名著、历史故事等精彩内容，是一种全新的阅读体验。在这一创新性的尝试中，志愿者扮演了重要角色。剧场演出的形式固然新颖，但同时也是对图书馆人力、物力、财力的多重考验，在解决这些问题的过程中，志愿者起到了关键作用。沈阳市图书馆面向社会广泛招募具有文艺专业或者特长的志愿者，最终建立了"作家俱乐部""导演俱乐部"及"演职员俱乐部"等三支志愿者团队，为"星期六剧场"活动的开展创造了条件。在志愿者共同努力下，"星期六剧场"这种立体式阅读的方式受到了广泛欢迎，还吸引更多的志愿者参与其中，其中不乏专业演员。

"星期六剧场"不仅拓展了图书馆的服务内容，也突破了传统阅读推广形式的束缚。而剧演的形式也降低了受众的门槛，使不同层次、不同群体的读者都能够被吸引进来，成为阅读推广活动的参与者。

（二）河北省图书馆"河北诗人沙龙"

河北省图书馆在地方文献阅览室开辟了一个专门的场地，为河北省作协的作家和诗人提供固定的活动场所，吸引了众多诗人、作家等群体到馆。在此基础上，由省、市作协、诗词协会与图书馆共同举办诗文朗诵主题活动，吸引诗歌爱好者和感兴趣的读者进行学习交流。作家、诗人群体既可以在馆内固定场所举行专业的交流活动，又可以作为志愿者在活动中与读者共同朗诵和交流诗歌，弘扬优秀的地方诗歌文化。同时，也有一批诗歌爱好者加入到志愿者项目之中，在诗歌阅读推广中贡献出了重要力量。

活动很好地利用了专家志愿者，既拉近了读者与诗人的距离，也拉近了读者与诗歌的距离，读者可以与诗人面对面，在阅读中获得宝贵的交流和学习机会，阅读推广也因此取得事半功倍的效果。而这些读者还可以成为二次阅读推广的传播者，进一步扩大阅读推广的影响范围。

（三）浙江图书馆"文澜讲坛"

举办公益讲座日益成为图书馆阅读推广的重要形式，如果能够形成品牌讲座，则能够吸引更多的观众和读者。然而，如果是聘请专家开展讲座，往往费用不菲，很难长期坚持。图书馆通过自身的吸引力，通过广泛宣传和引导，邀请专家以志愿者的身份登临图书馆公共讲坛，既为专家提供了知识普及的平台，又为读者提供了优质的阅读推广服务，是一种非常有利的做法。"文澜讲坛"作为浙江图书馆策划的系列公益讲座，就是其中的代表。它也是浙江图书馆的重点阅读推广项目之一，定期邀请著名学者、专家教授、商界代表等主讲，先后推出了"文学解读浙江""文史论坛""风云浙商""风雅钱塘""儒学与国学""名著赏析"等系列讲座，在读者中引起了强烈反响，业已成为浙江图书馆的品牌项目。"文澜讲坛"在服务本馆的同时，也积极延伸服务，与杭州的数十个社区共同创办"文澜讲坛·社区行动联盟"，通过建立专业、稳定的志愿者队伍，将讲座服务送到学校、政府机关、企事业单位等馆外单位和地区。

"文澜讲坛"的定位准确、内容优质，许多听众和读者都会定期关注，这与"文澜讲坛"坚持"公益性、亲民性、开放性"有直接关联，在服务读者的过程中始终将读者的需求和反馈放在突出位置。为满足读者需要，增加讲座受众，从2004年起，"文澜讲坛"会将每场讲座的录音、录像进行编辑整理，放在浙江图书馆网站上供读者观看，从预告到讲座开展，从读者点评到资料归档，已经形成了规范的流程。同时，品牌化意识和精品化意识也是活动取得成功的重要原因。

2007 年 8 月，"文澜讲坛"讲座集——《文澜听涛》第一辑出版，对讲座内容进行精选，进一步扩大宣传，扩大社会影响。除了了"文澜讲坛"，首都图书馆的"首图讲座"、上海图书馆的"上图讲座"、广西壮族自治区图书馆的"八桂讲坛"、杭州图书馆的"国学九十九讲"等也都很有影响力。

三、特殊读者阅读推广项目

在图书馆服务中，针对一些特殊读者，需要进行陪护服务，这些特殊读者同时也是阅读推广的服务对象。这里的特殊读者，主要包括视力障碍读者、听力障碍读者和老年读者。国内对于特殊读者的服务十分重视，一般的图书馆都会提供相关服务，在阅读推广过程中也涉及特殊读者的服务。

（一）辽宁图书馆"手语世界""对面朗读"项目

辽宁图书馆的阅读推广颇具特色，面向特殊障碍群体的阅读志愿服务也是该馆阅读推广服务中的一个亮点。

"手语世界"活动专门面向听力障碍读者，旨在传播手语技能，扩大知识交流，传递社会关爱。在活动之初，图书馆专门开始培训班，对志愿者进行手语培训，帮助志愿者学习手语，掌握基础的交流技能。随后，志愿者需要与听力障碍读者进行沟通和交流，彼此熟悉。最后，图书馆举办专门的阅读交流活动，为听力障碍读者提供一个更加开放、舒适的阅读空间，而志愿者则负责辅助和陪伴阅读。

"对面朗读"则是协助视力障碍者进行阅读、学习的服务活动。从 2003 年开始举办，并已成为辽宁图书馆的常态化服务项目。2005 年，辽宁图书馆与志愿者一道走出图书馆，走进一些特殊教育学校，通过轻松、快乐的方式进行阅读学习，拓展了图书馆的服务范围，也更新了服务方式。

（二）湖南图书馆"夕阳情敬老服务"

湖南图书馆建设了专门的志愿者队伍，针对老年馆举办了一系列志愿服务活动。公益讲座活动，如"健康养生系列""文学艺术系列""国学品读系列"等阅读推广类的优质讲座；培训活动，如"助您上网工程系列"等；读书会活动，如书画沙龙、"夕阳红"读书会等；其他主题活动，如为了方便部分老年读者举办的图书诵读活动等。

　　老年读者服务不仅要适应老年人的心理特点，还要满足老年人的信息需求。湖南图书馆十分重视志愿服务在老年读者中的作用，在提供人性化阅读服务的同时也提供了充足的信息资源，使老年读者有更多的获得感。

　　当然，辽宁图书馆"手语世界""对面朗读"项目、湖南图书馆"夕阳情敬老服务"项目等都只是特殊读者阅读推广项目的一些代表。我国图书馆对特殊读者阅读推广项目的探索和实践十分丰富。如苏州图书馆 2006 年发起的"我的声音陪伴你"为盲人读者录制有声读物活动、广东省立中山图书馆的"听·爱故事会"等，都离不开众多志愿者的参与。

　　总而言之，不论是儿童阅读推广、大众阅读推广还是特殊读者阅读推广项目，国内志愿者踊跃地参与到阅读推广的实践当中，对阅读推广的顺利进行提供了强大的助力，也使得我国，尤其是公共图书馆的阅读推广活动得以迅速发展并取得良好的社会反响。一方面说明了志愿者在阅读推广，包括图书馆阅读推广中具有不可或缺的重要作用，另一方面也说明了公共图书馆等阅读推广的主体科学管理志愿者、充分发挥志愿者作用的必要性。目前国内针对较高年级的青少年和成人的阅读推广实践活动仍然有待拓展，其效果也有待提升。在阅读推广中，特别是成人阅读推广方面，志愿者还可以发挥更加积极的作用。

第五讲

图书馆阅读推广志愿者的管理与规划

　　管理是指一定组织中的管理者，通过实施计划、组织、领导、协调、控制等职能来协调他人的活动，使别人同自己一起实现既定目标的活动过程。科学的高水平的志愿者组织与管理工作，是为志愿者提供出色的志愿者服务的前提与保证。随着志愿者组织的迅速发展，志愿者人数的与日俱增，如何对志愿者实施有效的管理正变得日益重要。从人力资源管理角度来说，志愿者管理是一项复杂的社会系统工程。最大限度发掘志愿者自身尚未发挥的资源，创造一个能让所有成员都可以贡献他们最大极限能量的环境，是志愿组织对志愿者管理的本质所在。由此，志愿者管理活动的组织，主要包括规划、招募与甄选、指导与培训、绩效评估、奖励与激励等。

　　这一讲在阐述图书馆阅读推广志愿者管理必要性的基础上，进行了图书馆阅读推广志愿者管理流程分析，并对图书馆阅读推广志愿者的工作内容及规划定位进行了介绍。

第一节　图书馆阅读推广志愿者的管理

一、图书馆阅读推广志愿者管理的必要性

自从西奥多·舒尔茨在其经典著作《人力资本投资》中提出"人力资本"概

念以来，古典经济学中资本的概念得以扩大，人力资源的作用和人力资本的投资收益率开始受到人们的广泛重视，人力资源的地位日益凸显。在当今世界，人力资源已经成为组织中最重要的资源。长期以来，图书馆忽视或避讳谈及志愿者的管理，他们认为志愿者从事的是公益爱心事业，大多数图书馆将管理重心放在组织物质资源和资金资源的处理上，而忽略了对人力资源尤其是志愿者的管理。然而，这种长期以来所形成的错位以及由此导致的对人力资源管理的忽视给图书馆带来了种种问题，如志愿者流动率高、组织效率低下等。

图书馆阅读推广志愿者是特殊的人力资源，不能简单套用企业的人力资源管理。志愿者管理作为一种理念和文化、政策和制度，影响志愿者在志愿服务中的价值观、责任感、态度、技能和行为，而志愿者管理与人力资源管理的区别主要在于价值观和责任感的不同，志愿者管理更为强调对社会和他人的关怀。志愿者进入图书馆，更多的是抱有一种责任、信念和使命感，而不仅仅是为了物质利益和金钱报酬，他们对图书馆"抱有比企业组织更高的期望"[①]。志愿者并不意味着免费劳动力或廉价劳动力，而是组织内一项重要资源。因此，管理不善不仅难以吸引高素质的志愿者，而且也会导致对社会资源的浪费，更有可能严重削弱阅读推广志愿者对图书馆的信任，损害志愿者对志愿服务的热情和信心。

不得不承认，这些问题的解决有赖于图书馆对志愿者进行有效的管理。志愿者作为一种宝贵的人力和智力资源，具有能动性和增值性。图书馆可以凭借对志愿者的人力资源进行整合和开发，从而推动图书馆的发展。

二、图书馆阅读推广志愿者的管理流程

图书馆阅读推广志愿者管理在实际应用中更加注重微观层面的管理流程。从志愿者产生志愿动机，经由图书馆管理提供阅读推广志愿服务，从而产生社会公益，实际上是一个较为复杂的过程。这一过程对专业化的图书馆阅读推广志愿者管理提出了更高的要求。

图书馆阅读推广志愿者的管理流程由工作规划、招募、培训、评估、激励等

---

① 张远凤.德鲁克论非营利组织管理［J］.外国经济与管理，2002（9）：2–7.

系列工作构成，如图 5-1 所示。

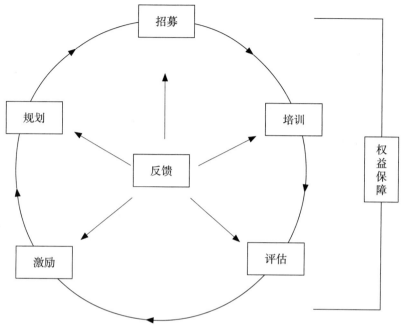

图 5-1 图书馆阅读推广志愿者管理流程图

志愿者的工作规划、招募、培训、评估、激励是一个循环往复的过程，反馈渗透在整个过程之中，能够时刻监控图书馆阅读推广志愿者管理过程，及时对管理工作做出调整，同时权益保障贯穿整个管理过程。通过使志愿者参与到图书馆阅读推广志愿服务管理的过程中，使志愿者从被动管理变为主动参与，可大大提高志愿者参与阅读推广志愿服务的积极性，减少不必要的流动性，从而实现图书馆阅读推广志愿者管理的高效化、科学化、人性化和可持续发展。

第二节 图书馆阅读推广志愿者的工作内容

图书馆阅读推广志愿者首先是图书馆志愿者，因此图书馆阅读推广志愿者的工作内容既包括常规性的工作，也有其特殊的一面。

一、图书馆阅读推广志愿者的常规工作

图书馆阅读推广志愿者首先是图书馆志愿者，综观国内外图书馆志愿者的工作内容，可以看到志愿者在图书馆可以服务的项目非常多，如读者咨询导航服务、图书流通、新书加工处理、修补图书、图书上架整架、图书馆宣传推广等工作。

（一）读者咨询导航服务

图书馆志愿者咨询导航员在服务大厅、借还书处、参考咨询部门及阅览室等公共区域解答读者基本咨询，引导和协助读者使用查询机和劝导不文明行为等。设置咨询台，由志愿者回答读者的基本信息咨询，如图书馆服务时间，帮助读者找到各部门服务地点，宣传图书馆的规章制度等；指导读者利用各项服务及查询资料，为读者提供计算机使用、网络查询及数据库检索的指导服务，协助读者解决资料检索上的问题；帮助残障人士使用电梯等无障碍设备。读者咨询导航工作需要图书馆志愿者具备以下能力：熟悉图书馆概况和基本业务，熟练使用图书查询系统，同时要积极主动、富有工作热情，这样会增加读者的亲切感，便于了解读者的需求。

（二）图书整理工作

图书整理工作主要包括新书加工处理、修补图书、图书上架整架等图书流通基本工作。①新书加工处理：志愿者协助图书馆采编部门进行图书验收、登录建档、粘贴书标、图书加工、修补图书。②图书上架整架：志愿者协助图书馆流通部门整理预约书架，分类和上架归还的书刊，整理书架上被放乱的书刊。③图书搜寻工作：帮助读者查找图书。图书整理工作需要图书馆志愿者细心，懂得图书分类法等图书排架知识。

（三）科研服务工作

图书馆志愿者参与的科研服务主要包括：①数字参考咨询及文献传递服务；②数据制作及整理，如纸质文献的数字化、数据库的建设。科研服务工作需要图书馆志愿者具备一定的知识优势和专业特长。

（四）宣传推广工作

图书馆志愿者协助图书馆做好读者调查、资料搜集、信息反馈等相关活动的

宣传推广，定期收集读者对图书馆各项服务的意见和建议，对图书、期刊、电子资源等内容的信息需求及使用评价，做好相应记录并及时反馈；向读者宣传入馆及在馆的良好借阅习惯，倡导读者争做文明读者，同时向读者宣传普及图书馆学的基本知识，让读者全方面地了解图书馆的管理及运行方式；让社会公众更加了解图书馆、走进图书馆、利用图书馆，同时赢得社会的理解与支持。宣传推广工作需要图书馆志愿者具备较强的组织能力或美术功底。

二、图书馆阅读推广志愿者的特色工作

在常规服务工作基础上，将图书馆发展与志愿者的成长和社会奉献相结合，寻找阅读推广志愿者与图书馆的交集，并以此来设计阅读推广志愿服务项目，逐步形成图书馆阅读推广志愿服务规范化、制度化的发展模式。图书馆阅读推广的重点人群包括[1]：① 因为缺乏阅读意愿不愿意使用图书馆资源和服务进行阅读的人；② 因为文化程度较低，图书馆利用技能或信息技能不足，或受到经济社会环境限制，不善于利用图书馆资源与服务进行阅读的人；③ 因为残障、疾患、体衰等原因无法方便地进入图书馆阅读普通书刊的人；④ 因年龄太小或太老无法正常利用图书馆，需要提供特殊资源与服务的人。图书馆阅读推广志愿者重视志愿者自身的专业知识和志愿情怀，其特殊工作包括诸如劝读、助读工作，特殊群体关爱助读工作，知识传播传承工作，国家文化政策宣传落实工作等。

（一）劝读、助读工作

（1）劝读。全面推广全民阅读、普及全民读书活动，图书馆阅读推广志愿者通过与广大群众的互动和沟通，并在志愿者的引导、鼓励和帮助下，使广大群众对阅读活动产生持续的热情和兴趣，使群众认识到阅读是人类进步的阶梯，是致富的信息，是人类的营养品，唯有阅读能够视通四海、思接千古。

（2）助读。组织读书活动，通过诸如阅读辅导、真人图书馆、一起读书等方式帮助读者养成爱阅读的好习惯。

（二）特殊群体关爱助读工作

特殊读者群体包括残障人士、老年人、少儿、贫困山区居民、农民工等。图

---

① 范并思 . 阅读推广与图书馆学：基础理论问题分析［J］. 中国图书馆学报，2014，40（5）：4–13.

书馆阅读推广志愿者要走进社区、福利院、农村、山区，通过开展图书捐赠、伴读、助读等活动，宣传读书益处，引导和帮助需要帮助的读者爱读书、会读书、有书读，培养阅读习惯，成为社会弱势群体文化正能量的心灵导师。

（1）一对一朗读。帮助视力减退的老年人和视障读者及儿童，提供面对面的朗读服务，如加拿大多伦多图书馆志愿者每周至少为学生提供1小时的免费导读服务，通过一起读书、一起游戏等方式帮助学生养成爱阅读的好习惯。此外，志愿者还被要求做好每周的教学记录及提醒父母监护人、课程设置者注意学习者的进步[1]。

（2）送取书上门。设立专门渠道为视障用户、老年人、农民工上门送取书。

（3）家庭作业辅导。每周在固定时间为儿童和青少年提供免费家庭作业辅导。如美国西雅图公共图书馆的"家庭作业帮助者（Homework Help Volunteer）"计划在每年的9月到6月都会组织志愿者帮助青少年完成课后作业和提高学生的学习技能，尤其是针对初到美国学习英语的学生，进行家庭作业指导。每次辅导的时间为每周一到周四下午4点到8点，每次辅导2小时，图书馆要求参与辅导作业的志愿者必须完成大学一年级的学业。志愿者在指导过程中应无歧视、无差别地对待每一位学生并给予他们积极的鼓励[2]。

（4）信息素养的培训活动。如志愿者为读者介绍便利的计算机应用工具和使用方法，教授电脑知识和技能。

（三）知识传播传承工作

图书馆阅读推广志愿者的工作，可以让缺乏阅读习惯、没有读书条件或者不会读书的群体享受到读书的快乐，体验到知识转化为力量的效果。图书馆阅读推广志愿者是知识的传播者和传承者。

（四）国家文化政策的宣传落实工作

党和国家的文化惠民政策需要向民众有效传达，全民阅读推广活动的开展取决于有效的宣传和落实。阅读活动进程的评价和绩效的反馈、阅读活动的效果离

---

[1] 杨红梅.公共图书馆志愿者服务探析——加拿大多伦多图书馆给我们的启示［J］.图书馆建设，2011（3）：103–105.

[2] The Seattle Public Library. Volunteer Opportunities［EB/OL］.［2012–10–21］. http：//www.spl.org/about–the–library/support–your–library/volunteer–opportunities.

不开图书馆阅读推广志愿者细心的工作。阅读推广志愿者的每一次服务都肩负了传递政府文化惠民思想，使社会民众理解和接纳国家文化政策的任务；同时作为阅读推广志愿者的工作内容，使国家文化公益惠民政策以实际行动得以落实。

第三节　图书馆阅读推广志愿者规划

图书馆阅读推广志愿者是图书馆人力资源的重要组成部分，志愿者管理属于人力资源管理[①]，需要详细、明确的规范制度，甚至运用志愿者管理系统，组织和管理志愿者资源。1971 年，美国图书馆学会在其会刊《美国图书馆》(*American Libraries*) 上发表了《图书馆志愿者管理指南》[②]，提出了图书馆志愿者管理的 17 项原则，成为志愿者管理的标志性成果。其主要内容包括安排图书馆工作人员来协调志愿者，志愿者应被安排从事与本人才能、经验、技能和兴趣相一致的工作，对志愿者所要从事的工作进行详细的书面描述等。做好志愿者规划是成功管理志愿者的关键一步，规划是人力资源管理的一项重要职能，规划也是志愿者工作能否成功的必备要素。如果图书馆阅读推广志愿服务在计划、组织和执行上缺乏充分的准备就可能使志愿者管理工作陷入盲目的状态，使志愿者在服务中没有获得有意义的经验和充分的认可，对活动感到失望，挫败志愿者积极性，不愿参加活动，进而退出志愿者队伍。所以规划是志愿者管理工作的基础，也是招募志愿者的前提条件。同时,志愿者规划还必须考虑到不能为了让志愿者满意而忽略了正式员工，馆员无疑是图书馆重要的人力资源，合理、系统的规划不仅要保证图书馆志愿者管理工作顺利进行，而且还要考虑志愿者的动力和员工的积极性，以及志愿者和馆员在一起合作的质量。因此，图书馆阅读推广志愿者规划指的是根据图书馆服务宗旨、主要工作内容，科学预测在未来内外环境变化中志愿者的供给与需求状况，制定必要的志愿者获取、利用、保持和开发策略，确保志愿者在图书馆志愿者服务中数量和质量的需求，最大限度地发挥志愿者潜能，高效管理图书馆志愿者，使之能够为图书馆的发展做出贡献，实现图书馆能在适当的时间、适当的岗位找到适当的阅读

---

① 宿玥. 我国非营利组织中志愿者管理的问题及对策研究［J］. 理论界，2010（10）：194–195.

② ALA. Guidelines for using volunteers in libraries.American Libraries，1971，2（4）：407–408.

推广志愿者，从而实现志愿者资源的有效配置[①]。图书馆阅读推广志愿者规划包括需求评估、目标体系确立、组织结构确立和工作分析四个环节。

一、需求评估

阅读推广作为图书馆志愿者管理的一个项目，往往需要明确的任务方案、设计详细的申请表、志愿者和项目间良好匹配、花费时间培训和监督志愿者等等。图书馆应对现有的阅读推广志愿者的基本情况有透彻的了解，其中包括志愿者的人数、参与动机、年龄和知识背景、基本素质和技能等方面，从而进一步做出对志愿者的基本状况评估，分析是否有必要使用志愿者来完成阅读推广工作，具体哪些工作和服务需要志愿者来协助完成，在确定要招募志愿者之后，要对所需志愿者的知识、技能、数量等方面要求做出初步评估，在此基础上形成图书馆招募阅读推广志愿者需求表、报名表，为志愿者招募打下坚实基础。爱德华·伊万斯（G Edward Evans）[②]指出图书馆阅读推广志愿者项目在规划时必须考虑以下基本问题：是否真的需要志愿者？在哪里使用志愿者？如何使用志愿者？所布置的任务对志愿者来说是否有意义？由谁来监督志愿者？是否有人来统领整个项目？图书馆是否安排了有意义的奖励方式？开展阅读推广志愿者服务活动，组织部门要协调好图书馆各个部门的工作，深入了解所需志愿者人数、技能等方面要求，确定阅读推广志愿者需求上报机制，定期向志愿者管理部门上报所需志愿者情况，最终统计出整个图书馆阅读推广志愿者的需求状况，确定招募条件，形成图书馆阅读推广志愿者招募信息，通过各个渠道进行发布。附图书馆阅读推广志愿者需求表如表 5–1 所示，供参考。

表 5–1　图书馆阅读推广志愿者需求表

部门	岗位需求	所需志愿者数量	专业／技能要求	服务时间／服务时长	备注

---

① 刘伟. 北京公共图书馆志愿者管理长效机制构建与对策研究［D］. 西南大学，2010.

② Evans G E. Library volunteers: do they have a valid role in libraries? ［J］. Library management，2010，31（4–5）：354–358.

志愿者加入图书馆进行阅读推广是志愿的，志愿者管理应强调价值体系和使命感的作用，应细致入微地关怀每个志愿者的情绪变化，关心每个人的个人要求和情感。但是目前大多数图书馆没有重视需求评估这一环节，在阅读推广工作过程中"抓丁"现象严重，活动随意性强、规范性弱，未能充分发挥志愿服务的效果，使图书馆阅读推广志愿服务工作处于被动的状态，志愿者管理也处于被动状态，从而不利于图书馆阅读推广志愿者长期发展，甚至会影响图书馆在公众心目中的形象，影响图书馆事业的发展。所以图书馆阅读推广志愿者管理应变被动为主动，从尝试走向自然，从偶然走向必然，做好积极充分的准备，迎接阅读推广志愿者的到来。

二、目标体系确立

图书馆在本质上是人类自由获取知识信息的公共平台和制度保障，自由、平等地获得图书馆的知识信息服务是民主社会中每个人的基本权利[①]。联合国教科文组织通过的《公共图书馆宣言》中强调，每个人都有平等享受公共图书馆服务的权利，不受年龄、种族、性别、宗教、信仰、国籍、语言或社会地位的限制；国际图联通过《格拉斯哥宣言》强调，自由获取和传播信息是人类的基本权利，促进信息自由是世界范围内的图书馆和信息服务机构的主要职责；中国图书馆学会通过《图书馆服务宣言》，确立了对社会普遍开放、平等服务、以人为本的基本原则，向社会承诺图书馆向所有读者提供平等服务。蒋永福认为，图书馆的基本精神和职能是给知识以秩序，给人们以知识的共享平台，给人们以知识自由的制度保障[②]。李国新指出图书馆是实现知识和信息社会性公平获取、公平享有的重要渠道，图书馆的自由与平等原则要求图书馆在服务过程中实施无等级差别服务、无身份界限服务、无强制服务和无歧视服务。

平等和自由同样渗透在志愿服务中，构成了"志愿精神"的精髓，主要表现在两个方面：第一，志愿服务是公民参与社会事务管理，促进社会进步的重要途径，是每个公民的权利和义务。第二，每个人都有自己的价值和服务社会、改善生活的能力，即使是暂时接受志愿服务和救助的被服务者。

---

① 邓彦.图书馆发展志愿精神略论［J］.图书馆工作与研究，2008（4）：3–6.

② 蒋永福.知识秩序·知识共享·知识自由——关于图书馆精神的制度维度思考［J］.中国图书馆学报，2004（4）：10–13.

图书馆精神和志愿精神具有高度契合之处，自由、平等、公益、助人、无私奉献是二者相同的特质，图书馆是最能体现人类自由与平等理想的圣地，是志愿精神发扬光大的客观优势和现实土壤[①]。

目标是根据组织宗旨而提出的组织在一定时期内要达到的预期效果[②]。图书馆根据其宗旨和目标拟定阅读推广志愿服务目标。按照不同的标准，目标有不同的分类：按层次可以分为上层目标、中层目标和基层目标；按内容可分为总目标和具体目标；按时间可分为长期目标、中期目标和短期目标；按数量可分为单元目标和多元目标；按稳定性可分为静态目标和动态目标等。

图书馆阅读推广志愿者的目标并不是单一的、简单的，而是立体多维、多元统一的系统性目标，各个目标相辅相成。图书馆阅读推广志愿者目标体系的确立，要充分考虑以下几个层面的要求，如图 5-2 所示。

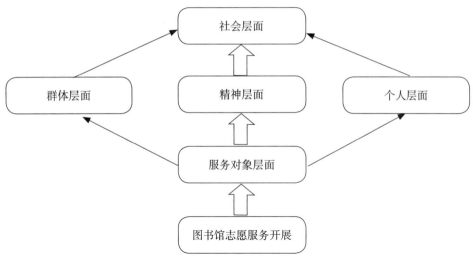

图 5-2　图书馆阅读推广志愿者目标体系图

（一）服务对象层面

图书馆阅读推广志愿者协助图书馆提供阅读推广志愿者服务，图书馆是最大受益者，确保志愿者服务活动顺利进行，使阅读推广志愿服务常态化、制度化，是实现图书馆对志愿者进行长效管理的基本目标，只有基本目标实现好，才能完

---

① 徐恩元，黄黄.我国图书馆志愿者研究综述［J］.图书馆论坛，2011，31（6）：102-108，114.
② 杨文士，张雁.管理学原理［M］.北京：中国人民大学出版社，1994：25.

成更高层次目标。

（二）精神层面

图书馆阅读推广志愿服务活动的开展，使志愿者很好地履行和实践志愿精神，从而在精神上感觉到快乐和满足；同时图书馆引入志愿者，为民众参与图书馆事业开辟了新的渠道。志愿者既是图书馆的读者，又是图书馆的员工，具有双重身份：站在读者的立场向图书馆表达读者的诉求，用自己的实际行动带动更多的人认识图书馆，熟悉图书馆，参与阅读；同时更能发现图书馆工作的不足与不易，从而关注与尊重图书馆员工，用图书馆精神影响和感化身边的人。

（三）个人层面

阅读推广志愿者在图书馆提供服务，图书馆必须创造一种机制来满足志愿者的动机与需求，因此图书馆阅读推广志愿者目标体系应当反映出志愿者个人需求，保证志愿者从阅读推广志愿服务中获得有意义的体验和充分的认可，抑或是自身能力素质方面的提高。阅读推广志愿者在图书馆提供志愿服务，应该可以发挥自己的专业特长，提高与人、与社会交往的能力，增加社会实践机会，自身综合能力得到很大提高，满足求知、自我实现等方面需求。

（四）群体层面

阅读推广志愿者通过在图书馆提供志愿服务，既可以对图书馆起到较好的宣传作用，有利于图书馆事业的发展，同时又能够把志愿事业发展到图书馆领域，使志愿精神深入人心，进而促进我国志愿事业的发展，实现图书馆事业和志愿事业的"双赢"。

（五）社会层面

图书馆对志愿者进行管理，保证了图书馆工作的顺利进行，同时向人们传播了志愿服务的宗旨，弘扬了志愿精神，优化了社会风气。因此，图书馆开展阅读推广志愿服务，有利于人们更好地认识阅读，了解阅读，爱上阅读，爱上图书馆，为良好的阅读之风打下坚实的社会基础，促进了社会的和谐发展，实现"多赢"的目标，这是图书馆阅读推广志愿者目标体系中最高层次的目标。

三、确立组织结构

组织结构是指组织内关于职务及权力关系的一套形式化系统，它阐明各项工作如何分配，谁向谁负责及内部协调机制[1]。制度先行，组织保障。恰当的组织结构，能够清晰界定每个组织成员的权责角色，通过合理地协调与控制，组织将会保持较高的工作效率。

在图书馆阅读推广志愿者规划管理过程中需要确立明确的组织结构，需要有专门的人员和部门来负责志愿者管理的整个过程。图书馆阅读推广志愿者组织结构可以分为外部组织结构和内部组织结构。

（一）外部组织结构

图书馆在开展阅读推广志愿服务时，要向社会上招募一定数量的志愿者，志愿者来自不同行业，有着不同的知识背景，组成人员复杂，除了要靠图书馆自身的管理，更需要政府、企业、其他非营利组织甚至志愿者所在单位来合作协调管理。

外部组织结构要求图书馆阅读推广志愿服务模式的变化。据调查，志愿者参与图书馆阅读推广志愿服务六成以上是个人行为，是通过个人报名来参与图书馆志愿服务；仅有30%的志愿者是团体行为，是通过团体报名来走进图书馆志愿服务。[2]这无形中给图书馆阅读推广志愿者管理工作带来很大困难，增加了图书馆的管理成本。针对这种情况，图书馆应该主动地、有意识地和一些社会上的志愿者组织开展合作，扩大团体报名比例。由图书馆和志愿者组织共同管理阅读推广志愿者，可为图书馆志愿者管理工作带来很大的方便，减轻了图书馆志愿者管理工作负担。如深圳市宝安图书馆与深圳市宝安区志愿者联合会建立起长期合作关系，经过长期合作，双方进入良性循环轨道[3]。同时，学生作为图书馆阅读推广志愿者主要群体，为图书馆与高校合作打下了基础，形成了"校馆合作"的新模式。

（二）内部组织结构

图书馆阅读推广志愿管理依照各图书馆实际情况可以单独设立图书馆阅读推

---

① 余凯成. 组织行为学［M］. 大连：大连理工大学出版社，2002：56.

② 刘伟. 北京公共图书馆志愿者管理长效机制构建与对策研究［D］. 西南大学，2010.

③ 王冬阳. 深圳地区公共图书馆志愿服务项目研究［J］. 图书馆学研究，2012（8）：30–33.

广志愿者管理部门，或者归入办公室管理，或者划入图书馆人力资源部门管理。一直以来，志愿者管理人员专职的少、兼职的多。兼职人员"客串"的工作性质，致使他们一方面缺乏专业的管理稳定度和战略思考力，另一方面，其工作着力点也不是锁定在志愿者管理机制的正常展开和优化上；相对而言，他们的管理工作缺乏热情、效率较低[①]。同时由于缺乏相关的文件规范管理过程，志愿者管理起来一直比较盲目。针对这种情况，图书馆在开展阅读推广志愿服务前一定要做好内部的组织结构确立工作，如图 5-3 所示。

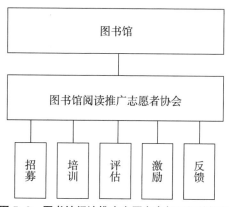

图 5-3　图书馆阅读推广志愿者内部组织结构图

要有专门的人员负责志愿者管理事务，提倡做到一把手负责制，围绕阅读推广志愿者管理的具体流程，设立外联、招聘、培训、考评、激励、反馈等职能部门，当然这些职能部门可以和图书馆原有职能部门进行交叉共享。同时制定一系列制度文件，比如：通过制定《图书馆阅读推广志愿者管理条例》，明确志愿者的权利和义务以及图书馆的职责；制定图书馆志愿者培训大纲、工作评估标准、激励规则、各项反馈表、志愿者服务协议书等相关文件。这样志愿者的管理就有章可循，管理者也能够在工作中做到有的放矢。

四、工作分析

工作分析[②]是对组织中某个特定工作的目的、任务或职责、权力、隶属关系、工作条件、任职资格、人员结构（包括数量的比例和质量的配合两个方面）等各

---

① 吴长剑.整体治理视角下我国 NGO 志愿者管理机制问题研究［J］.行政论坛，2017, 24（6）: 115–120.
② 王名.非营利组织管理概括论［M］.北京: 中国人民大学出版社，2002: 124.

种相关信息进行收集与分析，以便对该工作做出明确的规定，并确定完成该工作所需要的行为、条件、人员的过程。工作分析一般包括两个方面的内容：工作描述和工作规范。

　　工作描述即工作岗位要求图书馆阅读推广志愿者要完成的任务、权利和职责。工作规范即阅读推广志愿者胜任该工作岗位所要具备的知识、技能和能力。如图5-4所示。

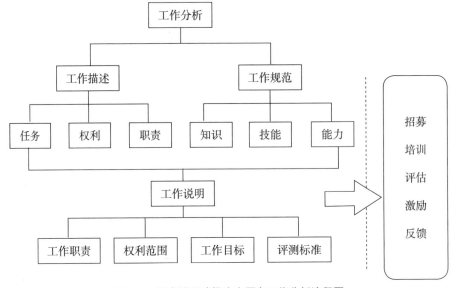

图5-4　图书馆阅读推广志愿者工作分析流程图

　　图书馆阅读推广志愿者工作分析要形成工作说明书，包括每个岗位的四个基本要素：（1）工作职责，即图书馆期望阅读推广志愿者完成的任务，对志愿者所要完成工作目标以及工作类型进行界定。（2）权力范围，即阅读推广志愿者能决定任务完成的方法和手段的权限范围，它界定了志愿者工作的自由度。（3）工作目标，即明确阅读推广志愿者担任该工作的目标。如果让志愿者承担一份无目标导向的工作，志愿者无法对自己的工作进行考评和衡量。（4）测评标准，即如何衡量阅读推广志愿者是否已经达成工作目标。志愿者工作评估标准不宜太高，一般要低于图书馆馆员工作标准，否则给志愿者太大工作压力，会打击志愿者积极性或导致自我否定。工作说明书不宜僵化，应保持适度的弹性，以利于适时修改。

第六讲

图书馆阅读推广志愿者的招募与培训

招募是图书馆阅读推广志愿者管理工作的起点，是图书馆阅读推广志愿者工作的基础，决定着图书馆阅读推广事业的成败。这一讲，我们在明确阅读推广志愿者角色定位的基础上，梳理了图书馆阅读推广志愿者的招募原则和目标，制订了图书馆阅读推广志愿者的招募计划，介绍了阅读推广志愿者的招募方法和流程。

阅读推广志愿者培训体系虽然经历了起步、发展与完善，但目前依然存在很多问题，如：培训比较宏观，培训不成体系，培训效率不高；在培训内容上，重理论轻技能，重知识轻理念；在培训方式上，重讲座轻实操。这些问题导致培训效果不够理想，阅读推广志愿者对工作的认同度不够，甚至不能胜任某些工作。我们在阅读推广志愿者的培训中引入胜任力理念，建立了符合图书馆阅读推广要求的培训体系。

第一节　图书馆阅读推广志愿者的招募

在完成图书馆阅读推广志愿者规划工作以后，可以进行志愿者的招募工作。招募是图书馆阅读推广志愿者管理的一个重要环节，是寻找能够满足图书馆阅读推广工作需求的志愿人员的过程，同时也是阅读推广志愿者通过图书馆阅读推广服务满足自身发展目标的过程。志愿者招募工作的成功取决于对阅读推广志愿者招募工作的原则和目标，取决于阅读推广志愿者招募计划的合理性，也取决于招募工作的有效性。同时，招募还要求图书馆广开思路，积极吸纳志愿者中的新力量。

一、 图书馆阅读推广志愿者的招募原则和目标

图书馆阅读推广志愿者的招募要以坚守图书馆精神和志愿者精神自由、平等的契合点为基础，广泛吸引人民群众自愿参与，有序引导，共同探索，长效管理，反对歧视，实现共赢，实现在适当的时间找到适当的志愿者，安排在适当的岗位上，进而保证图书馆阅读推广志愿者服务工作的长效性和持续性，形成具有特色的阅读推广志愿者服务队伍。

志愿者首先是志愿服务者，同时志愿者也是管理者，更是志愿服务的受益者。图书馆阅读推广志愿者首先是图书馆的用户即读者，接受其他志愿者提供的文化志愿服务；其次作为阅读推广志愿者协助图书馆工作人员开展阅读推广活动，成为工作管理人员；作为人生价值的体现，阅读推广志愿者通过图书馆阅读推广志愿服务实现了人生的价值，成为受益者。如在河南省少年儿童图书馆彩虹志愿者团队中，成员既有读者、学员，又有志愿者，具有角色互换的特点。她们是图书馆阅读活动的参与者，每周在主讲教师的带领下参加"亲子阅读·妈妈手账"公益活动，是亲子阅读活动的受益者。同时，她们积极志愿参与展览、读书会以及图书馆大型活动的组织实施，又成为志愿者。作为读者和学员，她们更了解读者的需求，担任志愿者角色的时候优势明显，有利于拉近图书馆与读者之间的距离[1]。因此明确志愿者角色定位，是认识图书馆阅读推广志愿者招募原则和目标的出发点。

图书馆阅读推广活动招募的志愿者来自各行各业，有不同的知识背景、不同的社会工作经验。图书馆需要在招募工作的基础上做到因人而异，在合理安排志愿者参加旧有的、常规的服务活动的同时，结合馆情、人员情况，创造性地开辟新的服务专题，形成特色，既充分利用了志愿者本身资源，又使志愿者在以满腔热情无私奉献的同时，收获了知识和能力，既吸引读者，又为志愿者提供一种寓

---

① 安慧.少儿图书馆志愿者管理模式的创新与实践——以"河南省少年儿童图书馆彩虹志愿者团队'阅读·陪伴'妈妈分队"建设为例［J］.河南图书馆学刊，2017，37（8）：135–137.

学习于服务的模式[①]。

　　同时图书馆阅读推广志愿者招募要避免歧视。那些对图书馆阅读推广工作有兴趣的人，想成为一名阅读推广志愿者做一些有意义事情的人，就有机会成为图书馆阅读推广志愿者。比如在美国[②]，当地居民有机会直接参与他们所在街道和社区的志愿者工作。如果居民对图书馆志愿者工作感兴趣，他们可以了解到图书馆提供的各种项目和任务，并获得一份志愿者申请表。感兴趣的个人也可以走进当地图书馆询问有关志愿者工作信息，或者打电话到志愿者项目办公室，志愿者项目主管会确定最近的图书馆并给来电者提供该图书馆的信息，申请人即可与该馆志愿者监事或社区图书馆负责人直接对话。社区图书馆负责人或志愿者监事会在双方都合适的时间安排志愿者面试。坚持反歧视残疾人的郡，要求郡坚持美国残疾人法案，不得歧视残疾人。如果有残疾人申请做志愿者，无论有没有合适的岗位，图书馆都必须提供岗位，对适合的岗位给予优先考虑，甚至对这种情况设置相应岗位。

　　图书馆阅读推广志愿者服务不是短期行为，要建立"伙伴关系"[③]，用一种新的管理方式去弱化分明的壁垒关系和对抗思维，加强全过程的合作，降低各方的管理成本，建立多元化的互信，共同去追求和达到一个既定的目标和结果。志愿者应能够自由选择想要参与的项目。如美国宾夕法尼亚州诺斯兰公共图书馆在每周五闭馆时，召开志愿者组织与社区居民志愿速配聚会，每位社区居民有 5 分钟时间同 16 种不同志愿组织代表交流以获取合适的志愿机会。图书馆也会针对具体的项目对志愿者资历提出具体要求，如巴克利公共图书馆的成人文学志愿者指导项目，列出了岗位所需的能力条件，如学历为高中以上，熟练的沟通协调技巧，善于使用信息技术，有能力带领读者参与阅读和写作等。对图书馆而言，最重要的是志愿者能将阅读推广志愿活动看作是一个持续的、积极的过程，愿意为这项活动付出时间和精力。图书馆和志愿者地位平等，形成良好的合作关系，从而构建一种共享资源、承诺合作、互惠双赢态势的阅读推广志愿服务伙伴模式。

---

① 吴迪 . 海外图书馆志愿者的经验及启示［J］. 图书馆学研究，2009（1）：80–81.

② 白兴勇 . 美国图书馆志愿者研究述略［J］. 图书馆，2015（5）：46–52.

③ 董光芹 . 基于伙伴关系管理的高校图书馆文化志愿服务研究——以东北大学图书馆为例［J］. 图书馆学刊，2018，40（1）：78–82.

二、图书馆阅读推广志愿者的招募计划

阅读推广作为图书馆的主流服务 [1]，已从以往自发的、零星的、补充式的图书馆服务，发展为图书馆服务中最具活力的、充分体现图书馆核心价值的自觉的图书馆服务。图书馆阅读推广需要广大志愿者的积极参与，这已是毋庸置疑的事实。图书馆需要预测和决定引进的志愿者类型，即该招哪些人，怎样发挥志愿者的价值，因此，我们在实施具体招募之前必须明确招募计划。

（一）图书馆阅读推广中的核心志愿者和非核心志愿者

从图书馆开展阅读推广服务的历程上看，在图书馆阅读推广活动开展伊始，每个参与其中的阅读推广志愿者都发挥着"星星之火"的作用，志愿者队伍像滚雪球一样越来越壮大，这些"初创"志愿者坚持下来就有可能成为志愿者队伍中的核心成员；从图书馆阅读推广服务的稳定性来看，固定的、规范性的工作，需要成熟的、熟练的阅读推广志愿者长期承担，他们是图书馆阅读推广志愿者中的核心，起到了沟通图书馆与普通志愿者的纽带作用，是图书馆阅读推广工作最重要的力量。而一些短期的、需要大量人手的阅读推广工作，需要利用多种渠道招募临时志愿者，这些临时的、非核心的阅读推广志愿者可以成为图书馆阅读推广志愿者队伍的有益补充，图书馆要从中挖掘人才，在非核心的普通阅读推广志愿者内部发展核心成员，使其逐步成为志愿服务核心成员。

核心成员作为阅读推广志愿服务的负责人，由他们作为图书馆与志愿者，志愿者与受众之间的纽带 [2]，做好相关的联系和沟通工作。图书馆可发展志愿者队伍中部分工作积极认真，社会责任心强，有一定组织管理能力的成员，采取定期聘用的模式，定期召集他们召开座谈会、开展讨论活动，将图书馆的工作与服务信息通过核心志愿者传达给广大的志愿者成员，同时也可以通过他们收集志愿者的服务情况与动态，及时反馈给图书馆，使图书馆能够将志愿者工作与读者服务进一步完善，提升图书馆的服务水平。

---

[1] 范并思.阅读推广与图书馆学：基础理论问题分析［J］.中国图书馆学报，2014，40（5）：4-13.

[2] 张佳.行业视角下公共图书馆志愿服务发展实践探析——以无锡市图书馆为例［J］.图书馆界，2016（4）：78-80.

【案例】澳大利亚国家图书馆按照服务期限的长短，将志愿者服务项目分为两种：一种是短期的、需要定期确认的，被称为"前台服务（Front of House）"，另一种是相对长期的、半年确认一次的，被称为"后区服务（Behind the Scenes）"①。两种服务项目分别针对不同的服务对象。

前台服务志愿者参与前台服务需要定期进行确认。这类项目又分为两种：一种是信息咨询类服务，参与咨询服务的志愿者主要利用周末和公共假日向读者提供有关图书馆服务和设施的信息，这种服务持续时间较短，主要是业余休息时间；第二种是志愿者向导，参与该服务的志愿者主要为到馆读者提供馆内展览的参观路线及相关信息。由于面对的服务对象结构复杂，因此这种服务对志愿者提出了较高要求，既要明确澳大利亚国家图书馆的职能与角色，又要熟知图书馆馆藏、服务与展览信息，并能够较好地回答公众提出的有关图书馆的各种问题。志愿者只有熟练掌握上述几项内容，才能真正起到"向导与指引"的作用。

后区服务志愿者参与这类项目需要半年或一年的再次确认，而且通常是基于一个特定的志愿服务项目。志愿者一般会被安排到多个区域开展服务工作，如馆藏管理、地图阅览区、图片阅览区、亚洲文献馆藏、手稿阅览区等部门。不同区域对应不同需求的读者。为了使服务收到实效，图书馆往往会指派一些图书馆工作人员在各个服务区对志愿者进行指导与协助，一方面给予他们及时的帮助，另一方面可以监督他们的工作，反馈服务效果。可以看出，这类志愿者需要针对具体部门提供专业、深入的服务，要求较高。

图书馆要广开思路，可在阅读推广志愿者团队内部进行分工和细化，设置阅读推广志愿者特色服务小组，也可主动邀请一些优秀的社会力量和人士加入。根据志愿者小组或社会专家的专业和特长将其进行分类，并依其特长和特点成立课题组、活动组、文案宣传组等特色服务小组，充分发挥每个人的优势，并建立有效的管理机制，使图书馆阅读推广志愿服务工作得到更有序的推进。同时，可以将退休的图书馆馆员请来从事阅读推广志愿服务工作。如美国许多图书馆员退休后会回到图书馆，继续从事志愿工作，他们既可以成为核心成员，也可以成为志

---

① Become a volunteer［EB/OL］.［2018–7–23］.https：//www.nla.gov.au/support–us/volunteers.

愿者培训者，是不可多得的阅读推广志愿者力量。

（二）图书馆阅读推广志愿者的新力量——网络志愿者

随着网络技术的日渐成熟以及社会大众网络素养的逐步提升，图书馆志愿者也在不断被赋予新的含义。网络图书馆志愿者，也有国外学者成为虚拟图书馆志愿者（Virtual library volunteer），简单来说，就是使用网络技术来无偿为社会大众提供服务或帮助的志愿者，他们志愿参加网络在线服务活动，通过网络和被服务者取得联系，了解他们的需求并竭尽全力为他们服务，不计较得失和回报。他们是志愿者组织的一个分支，通过网络凝结成一个组织来运作。虽然就目前国内情况来看，图书馆利用网络志愿者来推动自身发展仍处在探索阶段，网络志愿者正逐步从纯粹的参与社会公益活动发展到了囊括科技项目、教育项目、文化项目在内的多种社会领域[1]，图书馆吸引网络志愿者合作开展阅读推广活动已成为图书馆阅读推广服务的重要发展方向之一[2]。

从阅读推广活动的长远发展趋势来看，伴随着网络技术的发展以及新媒体环境影响力的不断深入，新时代的背景下需要有新的途径、新的形势来服务大众，网络志愿者无疑是一个最好的选择。图书馆在吸收招募网络志愿者开展阅读推广合作的过程中，不能再仅仅局限于将网络志愿者定义为简单的体力劳动资源免费供给者，而是应当进一步挖掘各种类型的网络志愿者的潜在能力，并做好培训和引导服务，使网络志愿者的聪明才智能够进一步转化到服务社会大众阅读需求的工作中来。比起传统的志愿者，网络志愿者有利于最大限度地整合网络人力资源，可以打破时空的局限进行交流、提供服务[3]。一方面可以充分弥补图书馆阅读推广活动中投入能力的不足；另一方面也能使网络志愿者的精神追求和价值表现在社会范围内得到体现[4]。

因此，有必要构建图书馆网络志愿者服务体系，科学合理的阅读推广网络志

① 吕梅.馆社合作 共促阅读——图书馆与社会合作推动青少年阅读推广［J］.图书与情报,2011（1）:91-94.
② 陈溢.公共图书馆阅读推广与网络志愿者服务的融合模式研究［J］.图书馆学刊,2017,39（9）:108-112.
③ 李方菁.网络志愿者群体的发展现状［J］.人民论坛,2011（23）:174-175.
④ 高小军.发挥民间阅读组织在阅读推广中的作用［J］.公共图书馆,2011（1）:67-70.

愿者服务体系，是多方参与模式下公共图书馆向社会大众提供优质阅读推广服务的基本保障[1]，是进一步推动图书馆阅读推广活动与网络志愿者服务的深度融合与发展的必然要求。

【案例】青番茄网络图书馆创立于 2010 年，它始终坚持公益性服务原则，把推广全民阅读视为己任，但是作为一家自负盈亏的社会企业[2]，青番茄利用商业模式运营公益服务，创造盈利收益，再反哺公益，开创了公益文化服务"善的循环"模式[3]。自上线运营以来，青番茄网络图书馆已经向全国 27 个城市的 100 万个人注册用户，提供免费的图书借阅及送、还书上门服务。"青番茄"图书馆为提升阅读推广的服务效率，通过招募大量网络志愿者作为生产力的补充[4]。这些志愿者来自不同的学科领域，拥有不同的工作经历和知识结构，共同构成"青番茄"的人才资源库。"青番茄"之所以能够吸引全国不同地区、不同行业的志愿者，不仅因为其品牌影响力高，还因为它在产品策划、阅读推广、组织建设等环节均为志愿者提供了施展才华的机会。志愿者的密切配合与深度参与也为"青番茄"延伸服务领域提供了可能，并且形成了多元化的异构组织模式。"青番茄"注重服务内容的多元化和创新性，为每个志愿者建立了个人档案，十分重视志愿者个人价值的展现，并给予了他们充分的肯定和信任。例如：某志愿者具有多年汽车行业从业经验，为"青番茄"推出"汽车图书馆"提供了技术指导。

当然，图书馆在招募网络志愿者合作前需要专门制定相应的规章制度，来使合作的内容和方式更加明晰。这样不仅可以让网络志愿者进一步了解图书馆服务的基本运行方法，而且可以有效消除双方可能存在的分歧。例如，南京图书馆专门制定了《南京图书馆文化志愿者服务章程》[5]，从而对志愿者工作的开展提纲

[1] 姜进."互联网+"时代公共图书馆阅读推广跨界融合服务发展范式研究 [J].图书馆学刊，2016，38（12）：85–87.

[2] 赵莉，严中华.国外社会企业理论研究综述 [J].理论月刊，2009（6）：154–157.

[3] 黄悦深.青番茄网络图书馆：社会企业运营的公益文化服务模式 [J].图书馆杂志，2013（10）：20–24.

[4] 罗元鸿."互联网+"时代图书馆阅读推广与网络志愿服务的融合模式研究 [J].河南图书馆学刊，2017，37（6）：14–16.

[5] 南京图书馆.[EB/OL].[2018–7–23].http://www.jslib.org.cn.

挈领地进行了规定。在开展图书馆阅读推广服务的过程中，图书馆必须安排专职人员负责与网络志愿者进行联络，并做好服务活动开展的组织工作。值得一提的是，要尽可能地形成关于馆员参与网络志愿者合作的专项制度，从而规范馆员的行为，并推动馆员与志愿者之间形成和谐融洽的关系。

同时，构建我国图书馆网络志愿者管理体系，可以充分汲取国外的经验，从体制机制、法律法规以及资金支持等多个方面进行综合的考虑。一方面，图书馆应当利用专业化的数字管理系统来提高志愿者资源的利用效率。另一方面，图书馆必须强化与其他部门的合作，采取灵活的方法获得资金等内容的支持，从而保证阅读推广服务工作的顺利进行。图书馆在加强与网络志愿者沟通联系的基础上，还应当注重提升网络志愿者参与阅读推广活动的热情和积极性，从而实现两者的组织合作工作的可持续发展①。首先，要加强对网络志愿者工作的认同，既要包括正式的激励认同措施，如颁发证书、举行表彰会等，又要包括非正式的激励认同措施，如志愿服务活动中的口头表扬或发电子邮件表示感谢等。其次，要加强对网络志愿者的人文关怀，如定期或不定期地组织网络志愿者交流会，来提供网络志愿者之间的交流机会，再如建立志愿者意见反馈系统，来进一步体现对网络志愿者工作的尊重。最后，要给予网络志愿者提高自身能力的锻炼机会，主动下放组织和管理的权限，让网络志愿者自行谋划或组织相关事项。

新媒体环境的到来及互联网技术的不断进步，为图书馆与网络志愿者创新阅读推广活动合作的内容和形式提供了新的思路②。首先，图书馆可以通过建立志愿者服务专项微信公众号、微博账号等自媒体方式，定期发布与阅读推广公益活动相关的志愿者岗位信息，使社会大众，尤其是青年人群更加及时地了解图书馆阅读推广活动的组织动向；其次，可以充分利用虚拟化交流平台，使阅读推广服务对象同图书馆、网络志愿者可以就阅读推广活动的内容，进行不受时间和空间限制的互动式自由交流；最后，可以采用众包的模式，将部分阅读推广活动内容分包给具有一定专业化水平的网络志愿者组织，从而推动公共图书馆阅读推广服务

---

① 谌缨，王利贞，王凯丽.公共图书馆志愿者管理与效能探索［J］.图书馆，2016（10）：103–107.

② 王改清.省级公共图书馆志愿者服务长效培育机制研究［J］.四川图书馆学报，2016（1）：3–6.

的复合化、多元化发展 [①]。

三、图书馆阅读推广志愿者的招募流程

图书馆在完成志愿者规划工作以后，可以进行志愿者的招募工作，这是一个确定志愿者并把其安排在适当岗位以达到组织目标的过程。从招募规则来说，简单而又规范的招募规则能使个人或者团体以最便捷的方式参与进来。从操作层面上看，在招募前图书馆应该把志愿者能够参与的服务内容进行合理规划，让其根据自身条件和兴趣爱好进行选择。总之，合理的招募程序对于是否能够引入优秀的志愿者至关重要。有效招募可以为后续培训和实际工作打基础 [②]。

（一）图书馆阅读推广志愿者的招募方式

阅读推广志愿者的招募方法，需要根据图书馆阅读推广服务的要求决定。图书馆应采取多种有效措施，不断扩大社会影响力，营造浓厚的志愿服务氛围，吸引更多专业人才加入阅读推广志愿者队伍，加强公众对图书馆志愿服务活动的认识，打造良好的群众志愿服务基础，让公众愿意参与到社会公益事业中来。

一般来说，志愿者招募有暖身招募、目标招募、同心圆招募三种基本方式。招募志愿者采用何种方式取决于特定条件。

对于规范性的、固定的图书馆阅读推广服务，多为图书馆常规性的工作。这些工作对阅读推广志愿者的要求比较一致，需要的人员数量也比较稳定，但由于工作相对枯燥，创新性不强，志愿者的精力和时间有限，往往造成志愿者队伍不够稳定，人员流失较大。因此图书馆阅读推广的常规性服务工作应该采取同心圆招募的方式。同心圆招募的方法被称为"懒人招募法"，它的指导思想是与机构已经有联系的人是最好的招募目标，其方法是通过志愿者推荐或介绍亲朋好友来加入志愿服务。同心圆招募的目标人群包括：组织的志愿者及其亲友、组织的服务对象及其亲友、因为组织正解决的问题而受影响的公众，志愿服务活动周围的人。这种招募方式成本较低，简单有效。这种方式需由图书馆设立专门的阅读推广志

---

① 陈溢.公共图书馆阅读推广与网络志愿者服务的融合模式研究［J］.图书馆学刊，2017，39（9）：108–112.

② 吴迪.海外图书馆志愿者的经验及启示［J］.图书馆学研究，2009（1）：80–81.

愿者招募接待站或在图书馆网站上长期进行招募，招募方式被动性较大，工作的吸引力不强。但根据统计，图书馆阅读推广志愿者的核心成员多从此种招募方式所招志愿者中涌现而出，究其缘由：一是由于能够长期坚持工作在一线的阅读推广志愿者，公益热忱较高，热爱图书馆阅读推广工作；二是由于长时间的图书馆阅读推广工作的沁染，能认同图书馆工作的理念，同时对图书馆有更加深入的了解。

当组织试图招募的工作需要一些特别技能或者不常见的特性时，目标招募是一种合乎需要的方法。目标招募通常用来招募具有特定技能的志愿者或者具有特定心理特征的人，如有心理辅导经验的人、法律专长者。对于项目性的图书馆阅读推广活动，它对专业的要求较高，针对性较强。一般易采取目标招募的方式。借助社会志愿者团队或专家个人进行阅读推广工作。这种招募方式主动性较强，工作内容丰富，服务的创新性、挑战性较高，阅读推广活动结束，即宣告志愿者队伍的解散。这样的志愿者多属于图书馆阅读推广志愿者队伍的非核心成员，但可以通过图书馆或核心人员进行争取，使其向核心成员转化。做目标招募之前应注意四个问题：我们需要何种志愿者？是否能招募到这些志愿者？我们怎样能与他们联系？用什么方式能激励他们？

在图书馆阅读推广服务的开展过程中，还存在一种体验式暖身招募方式。这种方式主要用在短时间内需要大量志愿者，对于专业性不强、无须特别资格，或经过简单培训后大多数人都可以完成的工作。暖身招募通过宣传品的分发、张贴广告，利用平面媒体、口头传播、广告演讲等形式开展图书馆阅读推广服务的志愿者招募营销。体验式营销开创了图书馆志愿者招募的一种新途径，能够吸引越来越多的志愿者走入图书馆开展阅读推广志愿者服务。

【案例】悉尼公共图书馆的阅读推广活动从创意形成到活动评估大致经过这样几个阶段：创意收集（馆内外咨询、研究），活动项目小组提交活动总体思路（征求管理层和不同分馆员工意见），形成活动总体方案（可行性、预算、预期目标、对象、多样性考虑等），活动方案批准，活动细化（细化预算、寻找合作伙伴等），活动营销及组织（一年分成 1~4 月、5~8 月、9~12 月进行营销），活动评估。[①]

[①] 刘双喜.悉尼公共图书馆阅读推广活动研究［J］.图书馆界，2017（5）：57–59.

（二）图书馆阅读推广志愿者的招募信息发布

（1）设计报名表。在志愿者招募计划工作完成以后，图书馆需要根据阅读推广服务的需求确立阅读推广志愿者在每个工作岗位上的具体责任、工作范围和要求，并建立工作内容标准，并依此设计图书馆阅读推广志愿者报名表和招募公告或海报。图书馆阅读推广志愿者报名表应包括申请者的个人信息，包括姓名、性别、出生年月、住址、目前所在单位、联系方式、身体条件、语言水平等基本信息，还应包括个人专长与技能、兴趣与爱好、参与志愿服务的经历等个人相关信息；针对阅读推广服务，报名表还应包括申请者的服务意愿，拟参与服务的内容及能够参与的服务时间。如表 6-1 所示。

表 6-1　图书馆阅读推广志愿者报名表示例

姓　　　名		性　　　别		照片
出生年月		籍　贯		
身份证号码		文化程度		
工作单位		专业特长		
通信地址		身体状况		
固定电话		手机		
E-mail		QQ 号码		
志愿服务意向 （可多选）	□阅读推广服务宣传、推广 □阅读推广展览的布置、讲解、导览 □图书馆图书整理、读者管理、阅读辅导 □阅读推广讲座、艺术培训与辅导 □国内外阅读推广志愿者交流活动 □阅读推广志愿者理论研究 □其他公益性志愿服务			
志愿服务时间 （可多选）	□工作日　　　□法定休息日　　　□不限　　　□其他			
志愿服务经历				
志愿承诺	我自愿加入图书馆阅读推广志愿者服务行列。我承诺：尽己所能，不计报酬，帮助他人，践行志愿精神，传播先进文化，服务社会群众，为构建和谐社会贡献力量。			
申请人签名：　　　　　　　　　　　　　　　填写时间：　　　年　　月　　日				

在具体的工作中图书馆应根据自身要求、招募群体分别设计报名表，如学生志愿者、医疗和心理志愿者这类具有特殊技能的阅读推广志愿者，团体志愿者与个人志愿者的情况就有所不同，要分别设计。图书馆阅读推广志愿者报名表的正确设计和使用，有利于图书馆阅读推广志愿规范化、科学化的管理，同时报名表可以借助网络平台实现网络填报，如新加坡公共图书馆运用的志愿者网上注册管理系统，便于记录归档和跟踪管理。

（2）发布招募信息。阅读推广志愿者招募最重要的就是广泛宣传，以各种形式投放招募信息，使公众对图书馆志愿者工作有一个比较清晰的了解。图书馆阅读推广志愿者招募公告或海报应包括阅读推广志愿服务的宗旨与目的、服务项目的详细说明、招募对象与资格条件、服务时间、服务地点及招募方法、报名日期与咨询电话，还可包括志愿者的权利与义务、福利、服务方式、招募批次与人数、培训时间等。

志愿者的招募方法决定了志愿者的招募范围。图书馆作为阅读推广的阵地，应该加强自身的招募宣传，除了在馆内醒目位置张贴海报之外，还要充分利用现代技术，通过图书馆网站、微博、微信等方式加强宣传，提升志愿者对图书馆阅读推广志愿事业的黏度；同时，还要采取政府机构动员、团队招募的方法，努力做到向全社会公开图书馆阅读推广志愿者招募信息。

首先，图书馆应在其网站主页下设立图书馆阅读推广志愿者综合信息平台。如上海图书馆志愿者招募系统、广东省立中山图书馆的"中图之友"招募系统。通过设置专门的志愿者网页提供规范、有效的志愿者招募信息，对长期、短期或特殊志愿者活动职位进行有效的组织和热情的邀约，并提供在线报名或附报名表供用户下载；添加图书馆微博、微信移动平台链接，方便不同使用习惯的用户对图书馆阅读推广志愿者招募信息进行关注。同时可以开辟志愿者宣传专区，对图书馆阅读推广志愿者做简洁热情的介绍，对本馆主办或正在开展的阅读推广志愿者活动进行推广和宣传。此外，还可以设置专门的虚拟交流平台供图书馆工作人员与志愿者及志愿者之间联系交流，发布志愿者的收获、感想和对图书馆活动的建议等。这样的综合信息平台，也有利于图书馆对阅读推广志愿者及阅读推广活动的规范化管理。

另外，从技术上讲，一定要设置合理的链接点、链接深度、合理的链接方式，以有利于用户快捷方便地找到相关信息。有 3 种形式的链接点可做参考：① 主页上直接设置"图书馆志愿者"的链接；②主页上设置"关于图书馆"链接，图书馆志愿者网页链接归属其下；③主页上设置"支持我们的图书馆"链接，图书馆志愿者网页链接归属其下。此外，点击不超过 3 次能够到达图书馆志愿者网页页面是一个合理的深度；在图书馆志愿者网页页面中设置更深的链接时，最好不要超过两级。对于需要仔细描述但网页页面有限的信息，可以设置文档链接，提供用户下载阅读①。词汇是信息的外表，恰当的用词能增加信息的可读性，友好、热情、谦虚的用词会让读者更亲近阅读推广志愿服务。在人称代词上可以使用第一或第二人称，在动词上尽量使用邀请、谦虚的词汇，其他用词上可以使用热情、有活力、邀约形式的词汇。例如，中文使用"支持我们的图书馆""需要您的帮助""加入我们吧"等词语，英文使用"support our library""help us"以及"involve us"等。

其次，吸引更多的专业人才参与到图书馆阅读推广志愿者队伍中，需要图书馆采取更多有效措施，努力扩大社会影响力，加强公众对图书馆阅读推广志愿服务活动的认识、积极参与到社会公益事业中来。① 深入大学、企业和社区，加大宣传力度，让广大青年学生、企业员工和社区居民了解图书馆阅读推广服务，并愿意参与图书馆阅读推广志愿服务活动。② 积极与社会志愿团体合作，建立阅读推广志愿服务联盟，借助社会力量，形成健壮、完备的阅读推广志愿者队伍，促进志愿服务的长期化、规范化。③ 借助新闻媒体，与新闻媒体密切配合，邀请记者采访报道，将志愿者招募信息主动提供给媒体，让更多社会热心人士参与到图书馆志愿服务中。

（三）图书馆阅读推广志愿者的招募遴选

志愿者遴选就是在申请报名的志愿者中选择适合图书馆阅读推广服务工作需求的志愿者。图书馆阅读推广志愿者管理人员根据志愿者申请人资料对其进行资格条件初审，初步审核合格的报名者，通知其参加面试。

---

① 黄黄 . 美国公共图书馆志愿者网页调查与分析［J］. 图书馆工作与研究，2012（02）：33–36.

　　阅读推广志愿者招募环节中，面试是志愿者招募的必要步骤①。目前的志愿者招募过程中很少有正规的面试过程，一般都是管理人员简单地了解志愿者的情况后就安排工作。没有深入了解志愿者服务原动力和动机，这样在后续工作中很难掌握志愿者心理变化，找到有效的激励方法，志愿者积极性不高，难以保障工作时间，出现迟到早退请假等情况，不利于长期进行图书馆志愿服务。

　　面试事实上是图书馆与志愿者双向沟通的过程，面试的目的是让图书馆与志愿者双方有直接沟通和交流的机会，让图书馆工作人员与志愿者建立直接对话的互动基础，建立伙伴关系，即用一种新的管理方式去弱化分明的壁垒关系和对抗思维，加强全过程的合作，降低各方的管理成本，建立多元化的互信，共同去追求和达到一个既定的目标和结果②。伙伴关系模式的实施要求参与各方地位平等，从而构建一种资源、合作、双赢的阅读推广志愿服务伙伴模式。通过交流沟通，可以使志愿者更深入地认识图书馆的服务性质、服务内容，更进一步了解图书馆开展阅读推广服务的初衷和目的；图书馆作为管理伙伴③，可在面试过程中深入地了解到志愿者的参与动机、服务意愿、志愿服务的经历，同时也更容易放下"有色眼镜"，以"平视"的角度来看待志愿者，本着以人为本的态度，既考虑申请者的服务意向与个人能力，为其安排适合的岗位，让人才适得其所，又结合本馆的实际需要，使人员分配趋于科学、合理，这不仅有利于激发志愿者服务的积极性，也有利于图书馆志愿服务水平的提高。

　　阅读推广志愿者的遴选主要考察下列五项因素④：① 志愿者具备所需的工作技能、经验和原动力；② 志愿者符合组织的工作文化及工作的要求；③ 志愿者服务的原动力得以满足；④ 志愿者被安排在适当的工作岗位以使其发挥能力和贡献；⑤ 志愿者有足够的时间保证完成既定工作。

　　面试的过程也是志愿者自我选择的过程。通过面试，志愿者对于自己报名参

① 白兴勇 . 美国图书馆志愿者研究述略［J］. 图书馆，2015（5）：46–52.

② 谷林涛，刘映 . 伙伴管理模式的项目组织架构及其会议机制［J］. 土木工程与管理学报，2016，33（1）：61–67，102.

③ 董光芹 . 基于伙伴关系管理的高校图书馆文化志愿服务研究——以东北大学图书馆为例［J］. 图书馆学刊，2018，40（1）：78–82.

④ 朱丽亚 . 中国非营利组织志愿者管理指南：温洛克民间组织能力开发项目［M］. 2005：18.

与图书馆阅读推广志愿服务的动机，是自己的兴趣所在还是一时的激情，以及能够贡献的时间，做一些思考和说明。

为了避免出现志愿者在管理上的问题，或产生图书馆在运作上的麻烦，所以在招募遴选时要非常严格。慎选志愿者是志愿者管理成功的第一步，应选择一个最适合的人，选出最符合职位需求和图书馆要求的人。就志愿者而言，对于态度与价值观的要求，可能与技巧是同样重要的，应淘汰不合适的应征人员，以免在后续工作中给图书馆阅读推广服务工作带来损失，造成资源浪费。

（四）图书馆阅读推广志愿者的招募录用

在经过遴选之后，最终结果无论是否录取，图书馆都应给阅读推广志愿者申请者发放通知。通知要及时，从图书馆招募志愿者信息发布到录取最好在一周之内完成，最多不要超过两周，时间太长会影响志愿者的积极性，特别是一些准备寒暑假参与志愿者服务的人员，招募的时间过长直接参与服务的时间就越短[①]。

对于录取的阅读推广志愿者，除被告诉录取消息外，还要发放服务须知、志愿者管理办法、有关报到的时间和程序等信息，以及个人需要准备的材料，有必要的情况下还需进行指纹核查、背景调查等手续。接下来是签订志愿者服务协议，志愿者服务协议需要由阅读推广志愿者管理者制定并由志愿者本人签名，志愿者服务协议具体规定了志愿者将从事什么服务工作，志愿者同意做多少小时。志愿服务协议的签订涉及志愿服务组织、志愿者及服务对象三者之间的权利和义务关系的界定，志愿者服务协议的重要性在于如果志愿者不能坚持当初的承诺，他可能就会被取消志愿者工作。

图书馆须建立阅读推广志愿者档案资料库，将报名人员的基本资料和相关信息进行组织和存储。这是对阅读推广志愿者进行有效管理的必要手段，也是阅读推广志愿者管理的起点，对阅读推广志愿者服务的评估和激励及其权益保障都有着重要的作用，也为大数据时代，"互联网＋"环境下挖掘阅读推广志愿者的服务潜能，真正实现才尽其用奠定了基础。同时，对于未被录取的报名人员信息也应至少保存 6 个月，以避免日后重复申请，提高工作效率。

---

① 刘伟.北京公共图书馆志愿者管理长效机制构建与对策研究［D］.西南大学，2010.

【案例】澳大利亚国家图书馆的志愿者招募主要通过三种途径：媒体广告、网上申请以及直接联系志愿者管理部门。图书馆通常会在其网站上，将志愿者招募信息及需要提交的个人申请表（Volunteer Application Form）放到醒目位置，感兴趣的人可以按照网页提示，依次填写个人兴趣、技能等信息并提交。申请表的主要内容包括：个人基本信息，住址和联系方式，参与志愿服务的想法，志愿服务经历、技能、兴趣和爱好，目前所在单位信息，是否在其他志愿者组织服务，语言水平，拟计划服务的项目，预计服务的时长，身体条件及能够联系上申请者的其他人信息。之所以要求填写如此详细的信息，是为了图书馆能高效地筛选出符合岗位要求的志愿者，便于开展后续招募工作。值得一提的是，澳大利亚国家图书馆对于报名人员的个人信息并未马上删除，而是采取相关安全和保密措施将其保留 12 个月，从而避免今后的重复申请，提高了管理效率[①]。

申请者提交个人信息后，志愿者管理部门将随时关注报名人员的相关情况，进行初步筛选。志愿者管理部门根据申请者技能、申请的服务项目以及图书馆需求，统筹分配相关岗位。图书馆在确定合适的服务任务、初审申请者信息并通知有关人员后，会组织招募面试，重点考察申请者技能是否符合岗位要求、对于服务内容是否有较高兴趣和热情等。一旦被确认录取后，管理部门将会安排一个工作人员协助其后续工作的开展，并确保对于服务项目的定期反馈，以提升志愿服务效果。

第二节　图书馆阅读推广志愿者的培训

志愿者培训体系的建设是志愿者管理过程中关键的一环。自 1993 年，共青团中央发起青年志愿者行动[②]以来，志愿者服务领域不断扩大，2006 年，起我国大规模倡导推广全民阅读活动，民间读书会和专项推广全民阅读的志愿服务持续升温，阅读推广取得了明显成效和一系列成绩，但同时也存在着志愿者能力不足、

---

① 刘通.澳大利亚国家图书馆志愿者服务实践及对我国的启示［J］.图书与情报，2012（1）：27–30，76.

② 丁元竹，江汛清，谭建光.中国志愿服务研究［M］.北京：北京大学出版社，2007.

专业化程度不够，无法为个性化的需求提供有效的服务等问题。志愿者实践表明，尽管这些年我国志愿者数量越来越大，但总体上志愿者群体的专业素养亟待提升。一般来说，正规的、资金实力雄厚的大型志愿者组织往往会组织志愿者参与基本的专业培训，但占绝大多数的资金实力较弱的小型志愿者组织基本不会组织志愿者参加培训。我国志愿者群体呈现两极分化状态：较大比例的志愿服务专业素养较差，只有少数志愿者能力与志愿者服务工作要求相适应。很多情况下，志愿者缺乏相应的专业知识和技能，不仅会影响志愿服务的质量，而且可能危及志愿者的安全，特别是在志愿者从事技术性较高、危险性大的志愿服务时[1]。如在"汶川地震"和"雅安地震"的救灾过程中，有不少志愿者由于专业实战能力较差，出现了"帮倒忙""被劝返"的现象。因此，加强和完善阅读推广志愿者培训体系建设是突破这一瓶颈的有效措施。

　　纵观国内外文献，培训体系大致有五种类型。

　　（1）基于需求分析的培训体系：对培训需求进行调查分析，并在此基础上提出应从明确培训目标、完善培训课程设计、加强培训过程组织与管理、建立多元化评估机制四个方面构建具有实效性的培训体系。

　　（2）基于岗位序列的培训体系：根据岗位的认知资格标准和员工实现高绩效所应当具备的素质，设置不同序列、不同层次的固定培训课程，在工作分析的基础上，对某一类岗位的任职资格标准进行分析、归纳，并参考对相关人员的调查，设计培训课程。

　　（3）基于专业技能的培训体系：以专业知识、技能培训作为主要课程基础，培养员工具备相应岗位的专业知识、技能的培训体系。这类培训体系在对专业知识、技能要求较高的行业比较普遍，如医学、职业教育、高科技行业等。

　　（4）基于职业生涯规划的培训体系：以企业发展战略需要及员工在职业生涯中规划各阶段的职位能力需求为基础，建立一套能够满足企业和员工对培训的需求，适合现代企业发展的员工培训管理体系。

　　（5）基于胜任力素质的培训体系：帮助受训者达到学习目标，并学习到特定

---

[1] 陈建梅，鲁秋石.基于社会支持理论的社会组织救助失独家庭问题研究［J］.哈尔滨商业大学学报（社会科学版），2016（1）：37–43.

能力的培训体系。

　　这五种培训体系各有特点，在志愿者的实际培训过程中五种培训体系均有体现，结合使用，故本书提出图书馆阅读推广志愿者培训体系：以需求分析为主线，引入胜任力培训理念，并从职业生涯规划的角度，穿插基于岗位、专业技能的培训。基本步骤分为：培训前准备（包括需求分析、确定培训目标、培训计划）、确定培训内容、培训方式、培训实施、评估培训效果。如图6-1所示。

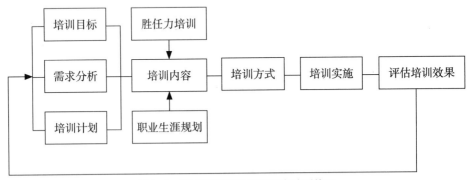

图6-1　图书馆阅读推广志愿者培训体系

　　同时，并不是评估培训效果结束后整个培训体系就完成了，而是要根据培训的效果来对前面的工作进行修正，以进一步提高培训的效果。培训体系以志愿者为中心，从培训前、培训中、培训后三个阶段，构建立体的阅读推广志愿者培训体系，其中比较关键环节是培训前准备、培训内容、培训方法、培训实施四个关键步骤，下面逐一进行介绍。

一、培训前准备

　　阅读推广志愿者培训工作是阅读推广志愿者管理中最关键的环节，对阅读推广志愿者进行培训和辅导也是志愿者完成阅读推广任务的基本保障和权利，参与阅读推广服务的志愿者需要并且有权了解所从事服务工作的背景及其相关知识。为使阅读推广志愿者的培训更适用，取得更好的效果，应做好以下准备工作：

（一）建立一支优良的阅读推广志愿者培训队伍

　　阅读推广志愿者的培训队伍，应由志愿者本身，特别是资深志愿者担任。这既体现了阅读推广志愿事业的公益性，也更因为志愿者以身示范、现身说法，避免了严肃说教带来的抵触情绪；对于涉及专业技能方面的培训，可邀请相关专业人士和专家、学者、领导等承担培训工作。同时，应积极使用新媒体进行志愿者培训，将更多、更好的培训资源提供给广大阅读推广志愿者，既打破了阅读推广志愿者培训空间上的界限，也避免了由于时间上的不统一造成志愿者无法参与培训的损失。

（二）培训需求分析

也称作"培训需求评估"，是进行培训的起点。图书馆通过在培训之前进行阅读推广志愿服务的需求分析，以界定图书馆和志愿者对于培训的需求或有待解决的问题，设计培训课程和教学活动。同时，培训需求分析也可确认预期的绩效标准与实际绩效表现之间的差距，是人力资源发展的基础，也是培训实施前的预备动作，有助于培训计划的顺利执行，在评估培训效果的环节上，也可为培训计划的合理性进行佐证[1]。

由于组织无法将全部资源用于志愿者培训，因此，只有通过培训需求分析，将培训的需求加以排列，分析评估培训所需的资源与实际可用的资源，将二者做最适当的配合调整，以设计出可行的培训方案[2]。为了解图书馆阅读推广志愿者的培训需求，可从图书馆和志愿者两个方面的需求加以分析。

（1）图书馆的需求。通过对图书馆阅读推广服务整体要求进行分析，确认图书馆的培训需求。通过分析整理《图书馆阅读推广志愿者需求表》中各岗位志愿者应具备的条件，结合阅读推广志愿服务项目需求分析，整理出各项志愿工作应具有的观念、技能或知识。通过培训，图书馆希望志愿者能够了解图书馆阅读推广服务的宗旨，进一步学习关于图书馆阅读推广志愿服务的专业知识、信念、价值观以及相关规范等。图书馆需求的确认可以提高阅读推广活动的运作绩效，进一步提高图书馆服务效果。当然这种需求不是一成不变的，当图书馆阅读推广活动需求由于政策或组织结构发生变化时，应根据具体情况再次确认需求。图书馆需求对培训尤为重要。

---

① Montgomery Van Wart. Handbook of Training and Development for the Public Sector: A Comprehensive Resourse [M]. San Francisco: Jossey–Bass, 1993.

② Catherine M. Sleezer. Training Needs Assessment at Work: A Dynamic Process [J]. Human Resource Development Quarterly, 1993（3）: 247–264.

（2）志愿者的需求。志愿者的需求往往是培训需求最直接的来源。由于我国志愿服务项目已从单一化向多元化转变，志愿者的人员构成也呈现出愈发复杂的结构。大量研究表明，志愿者参与志愿活动的原因超过 60% 的志愿者出于被动，参加志愿者活动的原因包括：被人恳求、所在组织开展、他人的影响等[①]。由此不难看出，志愿者在选择加入阅读推广志愿服务时并不一定认真地考虑过自己是否有从事该志愿服务的专业能力。同时，在参与志愿服务的动机上，虽然志愿精神强调为社会、为他人服务为主要目标，但作为参与志愿服务的个体来讲，大部分志愿者仍以满足自身需求为主要依托，参与志愿活动主要从自身角度思考结果，在自身得到满足后就脱离志愿者队伍，造成了志愿者组织的不稳定。因此，在图书馆阅读推广志愿者的培训过程中，志愿者管理人员一定要了解志愿者内心想法，掌握志愿者服务动机以及工作期望值，突出阅读推广活动对志愿者的非经济性价值，强化志愿者的非功利性动机，实现志愿者服务目标的"内化"，降低角色模糊对阅读推广志愿者服务绩效产生负面影响效应[②]。图书馆可通过考核、访谈、调查问卷等方式调查阅读推广志愿者是否拥有工作所需的知识、技术、能力，以定位在阅读推广志愿者培训中需要发展的知识或技能，从而界定出各类志愿者的需求；图书馆还可以通过召集阅读推广志愿者参与专题研讨、工作月例会等形式，收集志愿者对培训的需求，整理出有关培训需求的要求与意见。

随着"胜任力"研究的兴起，志愿者培训研究有了新的视角。胜任力[③]是与工作或者工作绩效相联系的知识、技能、动机、特质等一系列浅层和深层的综合能力的混合体，表明个人的能力与所处的环境相适应的程度。浅层次的特征，即称为基准性胜任特征，如知识、技能与工作要求的资质直接相关，能够在短时间内通过考试、面谈等具体形式测量，而且通过培训可以明显地提升和改变；深层次的特质，也称为鉴别性胜任特征，如动机、特质、自我概念与工作内容联系不

---

① 王名. 非营利组织管理概论［M］. 北京：中国人民大学出版社，2002：201.

② 周杰. 会展志愿者角色特征对服务绩效的影响——基于非功利性服务动机调节效应的研究［J］. 商业研究，2017（8）：20–26.

③ McClelland D.C.Testing for competence rather than for intelligence［J］.American Psychologist, 1973, 28（1）：2–10.

密切，测量手段复杂并且不够准确，但是在预测工作绩效方面起着关键性作用。因此，志愿者的需求分析应贯穿于整个志愿者管理过程之中，志愿者需求的确认对志愿者的培训、激励、评估都有着重要的意义。

二、培训内容

由于志愿服务工作的多样性，以及志愿者的服务知识和能力的可获得性，在志愿者参与阅读推广志愿服务的不同时期，培训的需求也不完全一样。如大部分初次参加志愿活动的志愿者在接触图书馆阅读推广志愿服务之前并没有接受过志愿服务方面的系统教育和培训，也没有或很少参加到真正的志愿服务中来；一部分志愿者虽然接触过图书馆志愿服务，但对于阅读推广服务的特殊要求并不了解。如果将阅读推广志愿者工作当作个人职业生涯中的一部分进行规划，那么志愿者的需求将充分体现在志愿者工作的整个过程中。职业规划是对职业生涯乃至人生进行持续的、系统的计划过程，在进入阅读推广志愿服务工作前，如果能够对志愿者工作有充分的认识，可提高职业选择的有效性；在阅读推广志愿者岗位中，如果能够将个人的成长和发展与志愿事业相结合，不但能够提高组织效率，更能使个人获得知识和能力的提升，满足个人的需求；工作结束或离开阅读推广志愿者工作后，如果能够凭借阅读推广志愿者服务的经验和所获知识技能，将为规划职业生涯的新阶段增添活力。为此，蒂莫西·巴特勒（Timothy Butler）指出，职业塑造是一种让人们做适合自己的工作并能在工作中获得真正快乐的艺术。图书馆阅读推广管理者必须了解阅读推广志愿者的本质兴趣，然后帮助他们做职业塑造工作，而不是满足于把志愿者安排到他们表现出色，但却毫无兴趣的职位上[①]。因此，图书馆阅读推广志愿者培训内容可分为三个阶段（职前培训、在职培训和职外培训）和四种类型（通识培训、胜任力培训、专业技能培训和素质拓展培训）[②]。

（一）职前培训

职前培训主要是帮助新加入图书馆阅读推广志愿服务的志愿者了解图书馆阅

---

① 罗伯特·H.沃特曼，等.哈佛商业评论精华译丛.寻找和留住人才［M］.欧阳晖，译.北京：中国人民大学出版社，2004：186-195.

② 沈杰.志愿者行动：中国社会的探索与践行［M］.北京：人民出版社，2009：285.

读推广志愿服务工作宗旨、信念，熟悉具体工作规则、业务基本知识；同时进一步认识自我，明确选择参加阅读推广志愿者服务工作的动机，提高阅读推广志愿者工作的胜任能力。主要目的是希望志愿者能对图书馆阅读推广工作的内容与流程有最基本的了解，并拥有与工作直接相关的知识和初步的工作技能，提升志愿者工作的胜任力。全体招募的志愿者均要参与职前培训，包括通识培训和胜任力培训两个层次。

（1）通识培训，也叫基础培训。通过通识培训，使志愿者了解图书馆阅读推广工作的程序、服务范围、发展规划等内容，提供志愿者开始工作时所应具备的最基本的常识与技能，并对志愿服务的基本理论、服务原则、价值和意义，志愿者的权利与义务、志愿服务的有关制度等内容进行培训，使志愿者完整地认识其将要从事的工作内容、工作场所以及周边环境，协助其建立自信心并进行实际训练与长足发展，尽快融入志愿者团队之中。事实上，志愿者中有很多对志愿事业不是很了解，缺乏对志愿者的认知。调查发现，由于对志愿服务和志愿精神的片面理解，一些志愿者认为志愿服务就是在做慈善，是在帮助他人，奉献社会，一旦感觉自己受到冷遇，不被理解和接受，便会认为志愿活动没有意义，是在浪费时间，于是不再参与志愿服务或退出志愿服务。因此，基础培训中应特别注意志愿精神和志愿服务理念的培训，明确志愿者参与志愿服务既在帮助别人，也是在提升自己。同时，还应在培训中强调参与志愿服务也是公民的责任。志愿服务并不完全是慈善活动，它实际上提供了运用所学知识服务于国家和社会的机会，更多体现出的是公民的社会责任。

（2）胜任力培训。早在古罗马时代就出现胜任力的思想。20世纪初，科学管理之父泰勒的"时间—动作"研究被称为"管理胜任力运动"，学者普遍认为这是胜任力研究的开端。1973年，美国哈佛大学教授戴维·麦克利兰（David·C. Mc Clelland）首次提出胜任力概念，指出胜任力是与工作或者工作绩效相联系的知识、技能、动机、特质等一系列浅层和深层的综合能力的混合体，表明个人的能力与所处的环境相适应的程度。胜任力指明了能够良好地完成具体岗位职责所需要的各方面的能力，指明了能力"应该是什么样"，为其他人员的自我能力开发和学习提供一个参照标准，有利于更好地制定个人的职业生涯规划。通过胜任力培训，能够帮助阅读推广志愿者学习到特定的能力，实现学习目标。与传统的培训模式相比，胜任力培训从培训方向上做出了调整，如图6-2 所示。

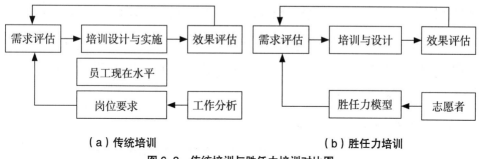

（a）传统培训　　　　　　　　　（b）胜任力培训

图6-2　传统培训与胜任力培训对比图

胜任力培训从源头和结果同时出发，分析志愿者的胜任特征的区别，除了能够实现传统培训对志愿者知识和技能方面的提升，同时还分析了志愿者隐藏的潜在的特质：对图书馆阅读推广志愿者服务工作的影响。[①]胜任力培训通过问卷形式让受训志愿者发现自身与胜任图书馆阅读推广志愿服务工作之间的差距，主要考察：①知识，志愿者领域所拥有的事实型与经验型信息，即图书馆阅读推广志愿者对志愿者事业的发展、理念等基本常识的了解程度。②技能，志愿者领域所需的技能与知识，即图书馆阅读推广志愿者与服务对象建立关系、需求评估、资源整合的能力。③动机，即志愿者参与图书馆阅读推广志愿活动的想法和偏好，它是驱动、引导和决定一个人的外在行动。④特质。主要预测志愿者在长期无人监督情况下的工作状态。⑤自我概念，即图书馆阅读推广志愿者对自己的态度、价值观和自我形象的认知。

作为"隐藏的潜在的特质"，志愿者参与图书馆阅读推广志愿服务的动机从一个侧面反映了其价值观。由于不同的价值观和动机对阅读推广志愿服务会有不同影响，如果带着功利的想法参加志愿服务是会产生一些消极后果的，影响组织团结和项目运作等，所以胜任力培训对志愿者的参与动机进行分析。此外还对诸如平等、互助、尊重、多元化等阅读推广志愿者特质进行培训，以对志愿者不同

---

① Zingheim P K, Ledford G L, Schuster J R. Competencies and competency models：Does one size fit all［J］. ACA journal, 1996, 5（1）: 56–65.

的价值观进行调控，以免受到负面情绪的影响，达到组织内价值观基本一致，顺利完成任务的目的。在志愿者的自我概念方面，胜任力培训通过对阅读推广志愿者进行自我认知和定位、紧急情况应对等方面进行培训，帮助志愿者了解他们想知道的内容，加强志愿者对志愿服务理念的认同，详细指明志愿者的行为规范，非常清晰地告知以后应该如何思考和行动，如何定位自己和认识自己，如何开展工作，如何与被服务对象处理好关系，如何服务好又能保护自己的利益，才能增强其责任感，减少问题的发生。

（二）在职培训

在职培训是让志愿者在实际工作中进行培训，在实践中进行培训，这样更容易发现问题，便于及时纠正。在职培训的目的就是让志愿者获得工作上应该具备的知识、练习技巧或改变态度与观念，让志愿者有更多成长的机会。图书馆应该把阅读推广志愿者看作是同事和合作者，并为他们的个人成长和学习提供机会。有效的在职培训能使志愿者学习和发展他们的知识与技能。在职培训包括岗位培训和专业技能培训，由具体负责该岗位或承担某项特殊工作的志愿者参加培训。

（1）岗位培训。是对志愿者具体参与服务的岗位进行的培训。岗位培训可以进行小范围培训，参与该岗位的志愿者接受培训，不参与的可以进行其他岗位培训，不会造成培训资源的浪费。在第五讲我们梳理了阅读推广志愿者的工作内容，作为图书馆阅读推广志愿者，工作岗位既包括常规性的基础岗位，如读者咨询导航、图书整理、科研服务、宣传推广，也包括深层次的特殊岗位，如为弱势读者（儿童读者、老年读者、残障读者等）服务，通过网络开展阅读推广活动等。图书馆阅读推广志愿服务工作的岗位培训是根据志愿岗位需求变化而变化的，要根据实际情况，有针对性地进行岗位培训。

基础岗位培训可有很多方式如专题培训或讲座、动手研习、现场实务演练、外聘专家培训等。培训人员可在具体的岗位进行实地考察培训，在实际的工作环境中对志愿者进行岗位培训，在实际工作中老志愿者带新志愿者进行培训，进行一对一或者一对多培训，培训完成后可以在以后实际工作中咨询老志愿者；专题培训或讲座根据实际工作需要，就某个问题进行专题培训、技术培训、操作方法培训等；实务上的培训，动手研习，通过活动、研讨、互动交流、亲自动手等学习岗位技能；外聘专家培训，对于比较专业的图书馆阅读推广理论知识，可以聘请业界专家权威做专题讲座或者培训，培训人员再根据需求开展培训工作。

（2）专业技能培训。随着社会的发展进步，志愿服务的需求种类和水平也在向多元化和专业化方向发展。专业技能培训建立在通识培训的基础之上，是对阅读推广志愿服务所需素质和技能的一种培训，是志愿服务多样化和专业化的保证。这一培训包括诸如儿童阅读服务工作，需要为志愿者开设说故事的技巧、儿童心理学、团体游戏带领、教具制作与操作、绘本欣赏等技能培训课程；视障听障等特殊群体阅读服务工作，需为志愿者开设如何与特殊群体沟通、录音正音、手语培训、导盲培训等技能培训课程。阅读推广志愿者的培训应体现出"以人为本，以发展为本"的原则，这样既能提高阅读推广志愿服务的质量，又能使阅读推广志愿者学习新知识、新技能，增强自信，为其更好地立足社会，适应工作和生活打下良好基础。

（三）职外培训

终身教育是知识经济时代自我发展的必然需求，开展职外培训就是希望为阅读推广志愿者提供再学习深造的机会，使其有机会与其他志愿者交流沟通，可以拓展视野，吸收借鉴相关经验，不断丰富志愿者人际交往和沟通能力、社会资源的运用能力、解决和管理冲突的能力、团队合作能力、自我认识及活动程序设计等素质拓展能力。这些培训可以最大限度地挖掘阅读推广志愿者的潜能，同时也给予他们成长的机会。当图书馆本身没有足够的资源举办上述的培训活动，或是希望给予志愿者与其他机构或单位的志愿者进行交流和沟通的机会，以拓宽其视野，图书馆可以借助社会力量，给阅读推广志愿者提供外派培训，参加其他机构或单位、专门培训单位所举办的会议、研讨会、培训课程或其他培训活动。外派培训不仅可增加与外界的互动，也能吸收借鉴其他图书馆的相关经验。当有特别活动需要阅读推广志愿者支援时，图书馆应进行该次任务的工作说明，让志愿者熟悉工作步骤、联系人员及活动全过程的注意事项。

三、培训方式

志愿者培训方式即培训方法及媒介的选择，图书馆阅读推广志愿者的培训方式应多样化，比较常见的有以下几种。

（一）专题演讲

演讲法是一种被广泛使用的培训方法，是集中培训的主要方式之一，也是较为经济的培训方法，适合阐述理念或传达信息时使用。图书馆可聘请资深专家或志愿者担任讲师，现身说法；为提高培训效率，图书馆应提前编印培训手册，或事先将相关资料分发给接受培训的志愿者。

（二）分组座谈

是一种由主持人引导志愿者就某一培训主题进行讨论的教学方法，可激发志愿者的思考和历练表达，旨在让参与的志愿者能有更多的机会陈述己见并相互熟悉。志愿者培训采用分组讨论的方法，可在受训的志愿者人数众多时，进行分组培训，提高志愿者的学习成效；同时，配合志愿者背景、服务项目、课程性质之不同，分组培训能够提高志愿者的学习兴趣。

（三）自我学习

图书馆阅读推广志愿者来自各行各业，差异性较高，包括教育程度、年龄、志愿者经验及职业背景可能参差不齐，所以除了集中培训之外，图书馆应当提供相关的书刊、资料或者志愿者刊物，鼓励阅读推广志愿者自我学习。另外，如果志愿者有机会接受职外培训，可将其所带回的讲义、培训手册、相关资料或心得报告等装订陈列或轮流传阅，以发挥这些资料的附加价值，推广志愿者培训的效果。

（四）研习活动

即针对志愿者参与阅读推广服务工作历程中所感受到的需要，选择相关主题，由主持人（可以是志愿者、图书馆馆员、专家学者）做专题演讲可作为引言，然后与参与的志愿者针对相关主题充分发表意见，交换工作经验，提出个人看法。经过一段时间研讨之后，由主讲人提出回应进行总结，如此反复分段进行。在研习活动之后，图书馆可将研习活动及交换意见的内容整理成册，分发给有需要的志愿者。

（五）参观观摩

通过参观社会福利机构或其他志愿服务团队进行的志愿者培训学习。除了培训学习的功能之外，参观观摩还有提升志愿者士气的作用，有见贤思齐及交流、联谊的作用。

（六）经验分享

邀请资深志愿者将其阅读推广志愿服务历程中的酸甜苦辣毫不保留地与受训的志愿者分享，让他们更深刻体会到阅读推广志愿服务过程中可能会有的各种感受，做好心理准备，调整好自己的心态。

关于志愿者培训方式的选择，图书馆应该配合培训的目标、课程的特性、教材的内容、受训志愿者的背景等因素，选择一种或数种适当的方法。同时，图书馆在进行志愿者培训时应该与时俱进，积极利用信息技术打造移动的学习空间，为阅读推广志愿者提供远程培训，打破阅读推广志愿者在培训空间上和时间上的界限，将更多、更好的培训资源提供给广大阅读推广志愿者。

四、培训实施

对于志愿者来说，他们非常在意能否从志愿服务工作中获得学习的机会，能否实现自我成长和发展，这也是他们参与志愿服务的主要动机之一，所以正确实施志愿者培训是很重要的。英国图书馆协会公共图书馆委员会于 2000 年发表的研究报告中指出，关于志愿者培训，受访的志愿者一致认为，图书馆应该提供足够的时间和资源来培训志愿者[1]。原则上，阅读推广志愿者应该和图书馆馆员一样被同等对待，而且要确保他们接受培训的权利，志愿者在接受图书馆所赋予的任务之前，应该接受过适当的培训。尽管需要花费一些成本，但是为有效发挥志愿者资源的效用，实施培训势在必行，这对志愿者和图书馆都有益处。

阅读推广志愿者培训实施涵盖了与培训有关的人、事、时、地、物等因素。如果在培训前能将各项因素组织得当，不但容易执行，而且容易达成目标，提高工作效率。首先，对志愿者的专业培训要做到"全面化"。要想短期内提升志愿

---

[1] Cookman, N., Haynes, D., & Streatfield, D.. The use of volunteers in public libraries [M]. London: Library Association, 2000.

者的专业服务能力，加强专业培训无疑是一条捷径。在培训时需要注意兼顾志愿者的时间壁垒、个人兴趣、专业特长、综合能力等情况，进行有普适性和针对性的专业训练。其次，对志愿者的专业培训要做到"多元化"。这旨在强调，志愿者的专业培训路径应该多元，比如，运用案例研究、文献研究、实地研究、目标管理、标杆管理、TQM 等多种实用、有趣的培训路径，上述路径还可以借助互联网新媒体进行更丰富的演化。最后，对志愿者的专业培训要做到"应急化"。面对应急突发事件，志愿者的应急能力就显得颇为重要；可以通过高度仿真、模拟训练、专家指导等多种方法进行应急素养的提升。

图书馆在实施阅读推广志愿者培训时可采取以下策略：

（1）在培训之前进行志愿者需求评估，邀请志愿者代表参加培训课程的规划，根据志愿者需求拟定培训内容，使志愿者快速地融入服务的环境。

（2）参照社会教育多元化的方法，视具体工作岗位的需求，弹性运用专题演讲、分组讨论、研习活动、参观访问、角色扮演、竞赛活动、书刊阅览等方式，实施志愿者培训。

（3）志愿者培训师资的安排可由专家学者、图书馆工作人员、资深志愿者分别担任，由图书馆及阅读推广志愿服务方面的专家学者来阐释理念，辅以资深的图书馆阅读推广志愿者教导服务技巧，传承服务经验。要充分运用社会资源，多方面聘请培训授课教师，最好能由本地或附近地区的师资来担任，实现授课内容能与实际需求密切结合。

（4）培训日期的选定因接受培训的志愿者背景不同，完全按照统一的时间进行培训将无法避免冲突，因此要针对志愿者的具体情况分别对待：① 退休人员或自由从业者，训练日期尽量安排在工作日或周一至周五的晚上举行。② 学生志愿者，平时因学校课业的影响，多无暇参加培训，因此周末节假日是最佳的训练时段，寒暑假可安排集训。③ 上班族志愿者，安排在周一至周六晚上、周末及节假日举行都适宜，但次数不宜太多。

当然，如果图书馆无法提供相应的培训条件，阅读推广志愿者培训还可以借助社会力量统一进行。如开展全市志愿者统一培训，这种方式有利于集合全市力量培训合格的图书馆阅读推广志愿者。同时，在统一的志愿者培训平台下，能够跟踪记录申请人参与全市图书馆阅读推广志愿服务和培训经历等信息，为保持志愿者队伍的良性发展创造条件。开展统一的志愿者培训，既是对图书馆阅读推广服务的有力宣传，也是对图书馆阅读推广志愿服务的广泛发动。在周全的规划和实施的情况下，统一的培训可以避免临时招募志愿者和缺乏培训形成的窘境，防止仓促招募和随意上岗对整个阅读推广工作计划顺利开展造成不利影响。

在阅读推广志愿者培训环节中，除了重视图书馆阅读推广专业技能培训，更要注重加强志愿者精神的培训 [①]。同时，图书馆志愿者培训还应该注重培训效果，对培训的效果在志愿者实际工作中进行评估，根据评估结果对志愿者的再培训进行修正，以便在以后的志愿者培训工作中完善。

为了能吸引更多的志愿者加入图书馆志愿服务的行列，稳定和不断壮大志愿者队伍，应该为志愿者提供一些个人学习和成长的空间和机会。例如，针对表现优秀的志愿者可进行表彰，授予荣誉称号，同时可以让他们优先借阅新书，领取讲座入场券，增加他们借书的数量。此外，也可邀请相关行业的专家、学者对其开展培训、交流活动，带他们一起参加馆外的培训、参观学习等活动，多为志愿者创造一些良好、自由的成长机会和空间。

同时，培训结束必须进行考核，只有通过培训考核的志愿者才能取得参与图书馆阅读推广志愿服务的资格，以此才能保证志愿服务的质量，避免志愿工作流于形式、影响图书馆阅读推广志愿服务正常开展。跟踪记录申请人参与志愿者培训和图书馆阅读推广志愿服务的经历等信息，建立健全阅读推广志愿者档案制度。

【案例】澳大利亚国家图书馆通过本馆的人力资源部门，为招募的志愿者设计了较为完善的培训体系 [②]。所有志愿者都被要求参加导论课（Induction Course），主要是普及一些基本知识，包括澳大利亚国家图书馆的组织结构、员工构成、图

---

① 马春 . 公共图书馆志愿者服务工作探析——以上海图书馆为例［J］. 农业图书情报学刊，2015，27（1）：190–192.

② 刘通 . 澳大利亚国家图书馆志愿者服务实践及对我国的启示［J］. 图书与情报，2012（1）：27–30，76.

书馆参观路线等，也包括对志愿者个人安全意识、紧急情况处置等方面的培训。此外，针对某类特殊的服务项目，还要进行一些具体培训。对于志愿者来说，必须参加所有相关培训课程，并按时出席每月例会，以确保志愿者培训与发展有序进行。可以看出，对于志愿者参加岗位培训，澳大利亚国家图书馆有着较为严格的规定，其目的就是使志愿者尽快适应环境、熟悉工作，能够较为独立地开展服务活动。

第七讲

图书馆阅读推广志愿者的评估与激励

　　图书馆阅读推广志愿者的绩效评估是图书馆就阅读推广志愿者的工作行为及其结果对图书馆阅读推广服务的影响进行评估的过程。图书馆阅读推广志愿者的评估是对志愿者工作业绩的考察和评定，即根据工作目标或一定的绩效标准，采用科学方法，对志愿者的工作完成情况、职责履行程度等进行定期的评定，并将评定结果反馈给志愿者的过程。根据图书馆阅读推广具体服务工作的目标和要求，对阅读推广志愿者服务工作情况进行定性和定量的评估，以达到激励和更好地完成工作的目的。

　　激励表彰是图书馆阅读推广志愿者管理过程中不可缺少的环节。一方面可以提高志愿者的工作积极性和效率，另一方面也可以更好地挽留有经验的志愿者。志愿者加入图书馆阅读推广服务队伍以后可能会出现工作积极性下降，出现迟到、早退或者无故缺席的情况，甚至出现志愿者不断流失的问题。因此图书馆应通过各种有效手段和方法激发阅读推广志愿者的服务热情和志愿精神，充分挖掘阅读推广志愿者的最大潜能，调动阅读推广志愿者服务的积极性和主动性，发挥阅读推广志愿者的专业技能，使志愿者的个人需求和图书馆阅读推广服务需求相适应，使其更好地投身于工作中，以实现图书馆阅读推广志愿服务总体目标和满足阅读推广志愿者个人需求，达到图书馆和志愿者的双赢。

第一节　图书馆阅读推广志愿者的评估目的

图书馆对阅读推广志愿者的表现进行考察一般可采用定性和定量的方法，并定期进行评定，评估的内容包括出勤、服务态度、服务量、参与团体事务及团队合作、进修及学习状况等，并将评定结果反馈给志愿者，再依其服务成绩给予不同程度的鼓励或奖惩。对于表现优秀者，可安排表扬活动，表现中上者，可予以晋级等鼓励；对于表现不符合要求者，在了解原因的基础上，应要求其在时限内改进，并给予学习机会；如表现实在太差或有重大违纪者，图书馆有权取消其志愿者资格。

对志愿者进行评估是一件非常敏感的事情。志愿者可能会对评估工作有些抵触和担心，图书馆作为评估工作的主导者也持有一种应付和排斥的态度。"被评估者和进行评估工作的人一般都不喜欢参加到评估过程中来。"[①]图书馆阅读推广志愿者的评估目的，不应以惩罚为目的，而是为了进一步提高图书馆阅读推广志愿者服务效率，改正工作中出现的问题和缺点。

一般来说，志愿者评估有两个基本目的：对于图书馆而言，评估是传达图书馆目标的工具，可根据评估结果对志愿者进行不同的激励，提高志愿服务的品质；对于阅读推广志愿者来说，评估可以让志愿者了解自己的工作情况，帮助他们改正工作中出现的问题和缺点，进一步提高志愿者服务效率，也可帮助他们认识和发现自己的潜能，确定自身努力的方向，激发他们的潜能，增强志愿者的参与感。同时，评估还可以让志愿者了解组织的期待及应有的工作表现，了解志愿者缺乏何种知识和技能，为图书馆阅读推广服务的工作调整和有针对性的培训提供了参考。评估的目的不是为了惩罚，而是为了更好地激励志愿者，发挥志愿者工作的积极性和主动性，提高志愿服务的效率。所以，图书馆应制定完善的《志愿者服务手册》，并建立完善志愿者档案制度，记录志愿者的服务情况及定期考核和评价结果，志愿者也应积极配合，参与志愿者评估工作。

---

① 琼·E.派恩斯.公共和非营利性组织的人力资源管理［M］.王孙禹，达飞，译.北京：清华大学出版社，2002.

第二节　图书馆阅读推广志愿者的评估原则

图书馆阅读推广志愿者评估应以确保服务质量和维护团体良好形象为宗旨，以公开、公正为准则，以工作量为主要依据，保持考评制度的延续性和规范性，以评促建，定期进行。

一、规范性原则

规范性是指图书馆阅读推广志愿者评估内容、标准、方法以及评估过程的规范。志愿者评估只有达到规范化的要求，才能保障评估结果的准确性和严密性。

二、客观性原则

对志愿者的评估应设立客观的评估标准，在档案资料的基础上进行考评，做到实事求是，尽量避免在评估过程中掺杂主观因素和感情色彩。同时，考评结果也应作为档案资料记录归档，以保持评估的中立和客观。

三、全方位原则

为了全面真实地考察志愿者的工作表现，防止以偏概全，对志愿者的考评应采取多种方式、通过多种渠道来进行。在考评内容和考评方法的选择上，应全面完整，不仅要体现对志愿者共性问题的评估，还要反映出对志愿者个性特点的关注。

四、反馈性原则

评估的结果要反馈给被考评的志愿者本人，并注意保密，防止在志愿者之间传播，避免影响面的扩大。同时，针对评估结果，采取相应的处理方法，帮助志愿者提高工作效率，肯定其成绩及进步，提出改进工作的方法。评估并不是对志愿者进行批评，更重要的是要对志愿者进行鼓励和疏导。

第三节 图书馆阅读推广志愿者的评估内容

志愿者评估主要是为了更好地激励志愿者，因此，对于图书馆阅读推广志愿者的评估内容不应侧重于志愿者工作中的缺点和不足，而应主要放在志愿者的工作表现、完成情况、提高方面和改进方面，以及服务态度和工作态度方面。对于志愿者的评估可以从志愿者参与志愿活动的时间、志愿服务的质量、岗位职责的执行力度上进行评估。

一、时间评估

图书馆根据志愿者开展阅读推广活动的志愿服务时数和学习时数进行评估。图书馆可对志愿者进行网络化和系统化的管理，引进或开发图书馆阅读推广志愿者管理系统，对志愿者的服务时间实行精准化管理。系统的开发和引进应采用统一格式，在移动互联互通的大潮下，图书馆也可借助移动 App 实现志愿工作时间打卡记录。对于经费不足的图书馆，可通过为每位阅读推广志愿者建立志愿服务记录册，记录志愿者的服务时间和学习时间，或者以签到的形式对志愿者的服务时数和学习时数进行统计。如有第三方志愿者管理平台对阅读推广志愿者进行统一管理，图书馆在使用第三方平台进行时间评估的同时，要注意将图书馆的记录数据上传，以保证时间评估的准确性。目前，时间评估是志愿服务评估的主要内容，大多数图书馆都将志愿服务时长作为"优秀志愿者"和"星级志愿者"评定基础。

二、服务评估

图书馆的服务质量直接影响图书馆的形象和声誉。图书馆阅读推广志愿者服务质量评估主要从志愿者服务态度、工作态度、出勤率、出席例会情况、参与活动情况等对其进行评估。

一般来说，信息资料收集得越完善、越客观，评估的结果就越有保证，但志愿者志愿服务的效果和质量却很难用量化的指标来衡量。因此，图书馆应根据阅读推广志愿服务的具体情况采取定性和定量相结合的方法对阅读推广志愿者服务的质量进行评估。

志愿者服务质量可以通过图书馆、志愿者个人、志愿者之间以及读者互评进行考评。图书馆对志愿者平时的服务情况应非常了解，可以根据志愿者服务情况判断志愿者的服务质量。志愿者最了解自己的服务状况，对自己的服务质量、工作表现等做出评价，图书馆可设计一张调查问卷，让志愿者对自身的服务进行评价，找出自己与预期的差距，并了解自己在工作过程中应该注意的问题。志愿者互相评估，经常在一起服务的志愿者彼此比较了解，可以通过志愿者对彼此的服务质量做出评价，值得注意的是，这种方式不易做到客观性，主观性比较大，结果可以作为评估的参考。读者是志愿者服务的直接对象，由读者对志愿者的服务质量进行评价更客观、更可信。读者虽不能就某一志愿者长期的服务质量做出评价，但可以对某个志愿者在某一时段的服务进行评价。

三、岗位评估

图书馆阅读推广志愿者的服务岗位都应有明确的岗位职责，对志愿者岗位评估应按照其所在岗位的要求进行评估和打分，可参考图书馆馆员的绩效评估标准，但是志愿者标准应该适当低于正式馆员的评估标准。岗位评估应该采取量化评估，对每个岗位进行打分，根据不同的情况进行加分或者减分，这样可以避免评估中出现主观性问题。

评估过程中，要时刻注意对志愿者的评估，主要是为了更好地激励志愿者，发挥志愿者的工作积极性和主动性，而不是批评，要对志愿者进行鼓励和引导。

第四节　图书馆阅读推广志愿者的评估方法

大量的实践证明，有效性和可靠性是评估系统存在的两大主要问题[1]。为应对这两个问题，图书馆关键是要选择恰当的评估方式。具体到图书馆阅读推广志愿者的评估方法，应包括图书馆评估、志愿者自我评估、志愿者相互评估、读者评

---

[1] 劳伦斯·S. 克雷曼. 人力资源管理获取竞争优势的工具（原书第 4 版）[M].吴培冠, 译.北京：机械工业出版社, 2009.

估和其他人员评估。

一、图书馆评估

由图书馆担任评估者，图书馆可以凭借志愿者的工作状况来判断他们的工作表现，这种方法较为常见。

二、志愿者自我评估

由志愿者个人对自己的工作表现做出评价，可以用向志愿者发放问卷的形式完成，让志愿者根据自己的服务状况在问卷上选择适当的分数，这样可以了解志愿者对自己的执行状况与预期目标的差距，并了解自己在工作过程中应该注意的问题。

三、志愿者相互评估

由志愿者工作伙伴对其工作表现做出评价，志愿者们在日常工作过程中关系较为紧密，对彼此也有较为深入的了解，因此志愿者之间可以对彼此的工作表现进行评价。不过值得注意的是，志愿者互相评估可能会因为彼此的关系亲疏冷热，而做出带有主观性的判断。

四、读者评估

通过读者对志愿者的信息反馈来评估志愿者的服务，图书馆可通过向读者发放调查问卷来判断志愿者的服务状况。这种评估可能会受到读者自身好恶的左右，从而出现极端的反应。但总体来看，读者问卷的信度较为客观。

五、其他人员评估

除了上述各评估主体外，其他相关人士也可以参与志愿者评估，不同的评估主体得出的判断结果可信程度是比较高的。

值得指出的是，评估通常会对志愿者造成一种压力。在志愿者评估考核开始前，图书馆应当让志愿者了解评估意图及具体评估内容。图书馆必须明确评估的根本目的是为了对志愿者的工作进行定期评估和修正，以使志愿者明确工作目标，提升志愿者工作动力。对志愿者进行评估的难点在于，志愿服务的内容、效果和质量无法量化，因此图书馆应在招募之初通过发放志愿者手册来告知志愿者相关评估要求和政策，制定切实可行的绩效评估体系。

第五节　图书馆阅读推广志愿者的动机

一、志愿者的需求和动机

美国心理学研究专家马斯洛在 20 世纪中叶出版的《人类动机的理论》一书中说过，在人们的社会生活中存在五种不同层面的需求，即对个人生存必备物的需求、对平安得到保障的需求、对与人交流的需求、对受到他人爱戴的需求和对自我实现的需求，如图 7-1 所示。

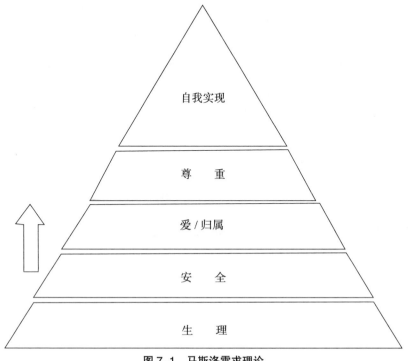

图 7-1　马斯洛需求理论

当比较低层级的需求被实现之后，人们就开始谋求比所处层级高的需求，直至自我实现的完成。需求层次理论强调没有被满足的需求是大多数人行为的主要激励源，人在不同时期、不同阶段，对某种需求的期望是有差异的，只有针对身处不同阶段人们最强烈的需求进行激励才最有效果。

同时，从公民社会理论出发来看马斯洛需求理论，志愿者的需求存在于社会的"公"与公民的"私"之间，志愿者围绕共同的利益、目的和价值，为了社会的特定需要，为了公众的利益而行动。志愿者通过追求特定的公共利益，为了广大社会群众而服务，开展的活动涉及生活中的各个不同层面。

对于人数众多、数量庞大的阅读推广志愿者群体来说，他们的需求也呈现出不同阶段的特性和不断更替的特点，不同的人在个人意志的指引下有着不同的需求，处于不同的需求阶段。由马斯洛需求理论可知，因志愿者情况各不相同，各种类型的需求对不同人的重要性和产生的刺激性是存在差异的。在设计有效的激励方式时，作为志愿者参与阅读推广志愿活动的管理者，图书馆必须要了解志愿者究竟处于何种层次的需求，要以志愿者所处不同阶段的需求为基础，对差异化的人群进行区别对待，要了解志愿者群体的真实需求，开展具有针对性和时效性的激励措施，从不同的角度出发，尽量满足志愿者的需求。志愿者作为极为重要的人力资本，他们的态度、工作能力及工作效率都直接影响着图书馆阅读推广服务的顺利发展。图书馆必须重视阅读推广志愿者的价值，以最有效的方式激励他们，充分调动他们的积极性，最大限度地发挥他们的作用。

二、志愿者的动机

志愿者参与图书馆志愿服务的动机直接影响着激励机制对志愿者产生的效果和程度。为了达到良好有效的激励效果，使辛苦培训的阅读推广志愿者"人尽其才"，图书馆在开展阅读推广服务时应该掌握志愿者的动机、"对症下药"，针对不同的动机采取不同的激励方法，以达到激励的目的。个人因某种需要产生动机，动机又产生了某种行为的发生，行为有其方向性，有一定目标，当目标达到之后，又产生新的需求，若目标没有实现，就会产生积极行为或消极行为，这就是一个简单的激励过程。

对于志愿者而言，他们花费一定的时间和精力从事志愿服务，原因包括"学校或单位评奖评优的硬性条件""获得帮助他人后的心理满足""增长社会知识，获得社会阅历""结识更多志趣相投的朋友""提升自己的能力和技术""打发空余时间""周边的朋友、家人、同学有人参与""获得一定物质奖励"等。而志愿活动恰好能满足志愿者的某种需求，一旦志愿者在志愿服务过程中没有满足需求或者与需求相差甚远，志愿者心理就会有受挫感，积极性也会受到打击和动摇，有可能产生消极或停止志愿行为，激励就是失败的。当志愿者需求在志愿服务中得到满足，激励就是成功的，会产生新的需求。

图书馆阅读推广志愿者激励过程，如图 7–2 所示。

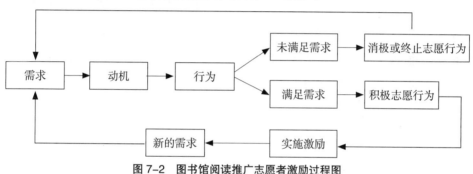

图 7–2 图书馆阅读推广志愿者激励过程图

图书馆志愿者激励实施之前掌握志愿者主要动机是十分必要的，特别是当志愿者在服务过程中因需求未满足，心理受挫，影响其积极性时，正确而恰当的激励能使愿者产生新的需求，做出积极的行为。

志愿者的特点说明志愿者参与志愿者服务的动机已经摆脱了生理需求和安全需求，动机来自需求，对于志愿者参与图书馆阅读推广活动的动机，可根据志愿者参与图书馆阅读推广志愿服务的需求总结归纳，并给予激励：

（一）奉献需求

"帮助他人，奉献社会""参加公益事业是每个公民的责任与义务"等需求是志愿精神和公民义务的集中体现，大多数参与图书馆阅读推广志愿服务的志愿者都是具有奉献需求的。奉献需求是志愿行为的一个重要因素，强调利他性，体现在对别人有益处而自己又没有明显自私倾向的自觉自愿的动机。对于有这类动机和需求的志愿者，一般主要用精神激励为主的方法进行激励，比如通过友谊、温暖、特殊的亲密关系、信任、认可、表扬、尊重、荣誉等方式来进行激励。

（二）求知需求

大多数志愿者都是有求知需求的。志愿者通过图书馆阅读推广服务走近读者，深刻体会图书馆为读者服务的宗旨，通过图书馆培训、指导、咨询、示范等实践，进一步了解学习图书馆阅读推广服务的各个工作环节，通过开展一些专题讲座等方式，不断学习相关服务技能，不仅拓宽了视野，增加了社会实践，更学习到了新知识，提高了能力。

（三）自我实现需求

志愿者具有强烈的自我实现的需求。志愿者在志愿活动中通过帮助他人提升个人能力，承担社会责任感受自我实现的满足感。图书馆作为志愿者实现自我价值的重要领域，可通过拓展实践的广度和深度，帮助志愿者为社会做出更多贡献，实现自我满足，得到他人的尊重和社会的肯定。

（四）社交需求

志愿者是有社交需求的。结交朋友，扩大社交范围，有这种需求的个体希望获得他人的认可和承认。管理人员可以采取举办联谊活动、外联活动，一起出去郊游、聚餐等，在活动中不仅可以增加志愿者之间的交流，结交更多的志愿者，还可以使志愿者们和管理人员在轻松的环境中畅谈对工作的看法，对志愿者活动开展建议和意见等，这些激励手段扩大了志愿者的生活空间，拓展了他们的社交范围，增加了社会关系，从而满足了志愿者在社交方面的需求。

（五）归属需求

志愿者具有归属需求。不少志愿者参与阅读推广志愿服务是出于"政府、单位或学校的组织和号召"，由于"自己是党员，理应参加"。虽然动机比较被动，但作为组织的一员，志愿者需要被组织接受、关爱的认同感，同伴之间友好、关心的感情。图书馆可通过招募志趣及价值观相近的志愿者，以授权、分组的形式让志愿者感受归属感，使志愿者归属感得到满足。

因此，志愿者参与图书馆阅读推广志愿者服务的主要动机可以总结为：奉献动机、自我实现动机、求知动机、社交动机、归属动机。通常志愿者较在乎心灵层面的感受，重视被他人肯定与自我存在的价值。随着时间的延续，志愿者参与志愿服务的动机的深度及广度也将随之改变，可能会包括自我成长、人际关系的拓展等，从而发展为多重动机。

第六节　图书馆阅读推广志愿者的激励方式

中国图书馆阅读推广工作蓬勃发展十多年来，图书馆阅读推广逐渐从一种自发、零星、补充式的图书馆服务发展为一种自觉、普遍、不可或缺的图书馆服务，志愿者参与图书馆阅读推广志愿服务也越来越普遍。但目前的图书馆阅读推广志愿服务项目多侧重于规模，单纯地招募大量志愿者来保证活动人数，很少考虑到志愿者自身的想法，很难形成活动目的或形式与志愿者内心需求相一致的局面。半数以上的阅读推广志愿者服务一段时间后，状态较之刚刚加入组织时是有所下降的，能够保持高度热情的志愿者所剩无几，还有很少一部分人表示已经完全失去了对志愿活动的兴致。数据表明，较多志愿者认为自己的才能只发挥了20%~40%。这样的后果就是志愿者在参与几次活动后，发现图书馆阅读推广志愿服务工作与自己所期望能给予自身锻炼和实践的机会不符，从而转战其他志愿者组织或直接退出志愿者行列。

不同的图书馆，激励的措施或许不同，他们或是授予称号，或是授予奖章，甚至有物质奖励。这与"志愿"二字并不违背，有激励，才有前进。对志愿者的回报不是市场条件下的那种等价交换[①]。设计和实施合适的激励机制是最为困难的一件事，图书馆要了解和掌握志愿者们期望得到何种激励，然后按照志愿者们所期望的具体激励方式进行激励。图书馆阅读推广志愿者的激励方式分为精神激励和物质激励。志愿者通过自己的志愿服务获得心理上的满足，感受到奉献的快乐，所以图书馆阅读推广志愿服务工作激励志愿者的原则应该是以精神激励为主，物质激励为辅。

---

① 吴迪. 海外图书馆志愿者的经验及启示［J］. 图书馆学研究，2009（1）：80–81.

一、精神激励

精神激励主要是指图书馆在精神方面对志愿者进行激励，图书馆阅读推广志愿者大多具有较高的理想性和志愿性，他们认为工作的价值高于职位的价值，这也使得他们对于工作内容的重要性和意义更为关注，更为重视工作本身及其带来的成就感、满足感和自豪感，也更加关心个人的成长和发展。精神激励的方式很多，比如发放志愿服务证明、公共媒体的公开表彰、单位领导的支持与肯定、单位网站的公开表彰等，在组织内部开展志愿者工作评比选出优秀志愿者，通过开展联谊或外联活动，如郊游、聚餐，增强志愿者工作认同感和成就感。

（一）情感激励

图书馆与志愿者的有效沟通是图书馆阅读推广事业得以良性运转的润滑剂。一直以来，图书馆与志愿者之间由于时间和空间等因素做不到时时地进行交流沟通，导致志愿者之间、志愿者与管理者之间缺乏有效的沟通。志愿者具有极大的不稳定性和庞大的数量基数，在参与志愿活动时，每位志愿者与上级组织者的交流是非常有限的，他们之间的沟通可能只建立在活动流程的安排和注意事项的介绍上。调查显示，有将近半数的志愿者没有与上级沟通过，而这往往会导致志愿者与活动组织者的交流不够及时而形成脱钩，这种脱钩不但会使志愿活动的上行下达产生不畅，也会使志愿者对组织者不够信任，组织者对志愿者不够了解，从而使双方由于信息失衡而产生一种非透明感，组织者对志愿者的深层想法不够了解，志愿者对组织者的具体要求不够明晰。由于有效沟通机制的匮乏，志愿者管理机制缺乏协调与合作的能力，也加剧了志愿者群体间的"割裂"态势。这些无疑对志愿者提升应对各种复杂性和不确定性的能力提出新挑战。在当今信息时代，互联网已成为人们生活中必不可少的一部分，图书馆应主动应对沟通需求，利用互联网加强沟通。除了定期与志愿者面对面地进行座谈交流，听取志愿者对于图书馆的意见，更应充分利用技术手段打造立体化沟通渠道。打破长期以来实行的"自上而下"的单一沟通路径，打造"自上而下""自下而上""左右互动"叠加的立体式、多向度互动的立体化沟通渠道，建立线上与线下充分结合的沟通网络。如与志愿者们建立微信群或 QQ 群，及时地关注志愿者的需要和接受他们的反馈。

图书馆既可在群里发布服务项目、志愿者风采等信息，让志愿者主动参与到活动项目中来，感受到图书馆对他们的重视，提高志愿者的积极性，也能够促进志愿者彼此之间的交流，增强志愿者对于图书馆的归属感，更好地凝聚在图书馆周围。

（二）荣誉激励

对于图书馆阅读推广志愿者来说，荣誉激励会使得他们更有成就感，图书馆对于表现优秀的志愿者可通过颁发图书馆优秀志愿者荣誉证书或证明，召开优秀志愿者表彰大会，学校、单位或网站公开表彰，单位领导的支持与肯定，亲戚、朋友的支持与赞赏等方式来鼓励他们。同时，一年中定期举办一次或多次的志愿者交流成果展，取长补短让志愿者通过交流丰富自身的经验。对于表现优秀的志愿者给予优秀志愿者称号与荣誉证书。对于志愿者的活动风采，应定期地进行采集、宣传与存档。可通过馆内宣传栏、官网、官方微信及微博等展示志愿者的风采，运用文字、活动照片或视频让更多的人看到志愿者的风采，分享志愿者取得成果时的喜悦。这既肯定了志愿者的服务，也能吸引更多的志愿者加入图书馆志愿者大家庭中来。定期宣传志愿者成果，树立志愿者典范，可定期选举"志愿者之星"，作为志愿者的学习榜样，同时让"志愿者之星"以座谈会或是文字等形式分享自己的志愿经历。这既让优秀志愿者获得荣誉，又鼓励了其他志愿者继续努力。

二、物质激励

随着非营利组织社会活动参与度的不断提高，所涉及的领域不断扩展，需要解决的社会问题越来越具有专业化的趋势，对专业性的志愿者需求量越来越大，而招募和培训专业领域的志愿者需要非营利组织投入较高的成本，在这种发展趋势下，如果依旧只为志愿者提供精神激励而不能从他们的实际需求出发，会很容易使志愿服务流于形式。因此，纯粹性地依赖精神式的激励是远远不够的，适度的物质激励也是很有必要的。

尽管外在的物质激励所带来的志愿者满意度和组织绩效、志愿者留用率并非绝对相关，但恰当的物质报酬对于激励志愿者更加投入工作、提高服务质量方面确有作用。物质激励是一种外在性的激励方法，是对志愿者提供一些与志愿服务相关的物质奖励或福利待遇。物质激励不等于劳务费，可以包括由图书馆提供的基本交通、餐饮费用、赠阅书籍、志愿者服务的制服、纪念章或适量的奖金、物品。无论是奖励坚守服务岗位的资深阅读推广志愿者，还是表扬服务认真的优秀阅读推广志愿者，都具有社会教育的启示作用，也具有推广志愿服务的标杆功能。

图书馆还应考虑是否为阅读推广志愿者额外购买人身意外保险，以确保志愿者在服务期间发生意外，导致财物损失及人身伤害时，可获合理的赔偿。如《上海市志愿服务条例》[1]规定，志愿服务活动的组织者可以根据自身条件和实际需要，为志愿者办理相应的人身保险，志愿服务活动的组织者安排志愿者从事有安全风险的志愿服务活动时，应当为志愿者办理必要的人身保险。

同时，我们应正确看待物质激励，对于任何组织来讲，物质激励并不能保证志愿者行为的永久作用，物质手段可使志愿者产生行动而永远不会是动力。史蒂文·克尔（Steven Kerr）[2]说，物质奖励措施之所以会失败，主要是因为奖励措施隔断志愿者间及志愿者和管理者的联系，奖励打击冒险精神，挫伤志愿者兴趣。为了避免各类志愿者物质奖励泛滥，应制定相应的《志愿服务奖励办法》，统筹规范志愿服务奖励。

虽然图书馆经费不足已是不可否认的事实，但这不应成为图书馆放弃对志愿者的物质奖励，不考虑志愿者基本物质保障的借口。图书馆应积极开拓创新，主动争取政府、企业等社会资源，加大对志愿者的支持力度。这种支持不仅包括资金范畴的支持，还包括政策制定、公共服务购买等其他资源的支持。但由于志愿者人数众多、志愿种类多样、志愿服务需求骤增，单靠政府一己之力已无法满足我国志愿者高歌猛进的发展节奏。企业、个人等多元主体应当在政府具体政策的有效激励下，加大对志愿者激励支持"广度"，积极参与到支持志愿者的共同体上。同时，政府等多主体还应加强对志愿者激励的监督"深度"，打造"里"（主要指图书馆阅读推广志愿者）与"外"（主要指政府、企业和个人等多元主体）相结合的复合型激励网络。

---

① 上海市人大常委会.上海市志愿服务条例［EB/OL］.［2018–8–10］.http：//www.shanghailaw.gov.cn：888/shL awWeb/ shLaw_info.do?infoId=IMP_LAW_171.

② 史蒂文·克尔.薪酬与激励［M］.边婧，译.北京：机械工业出版社，2005：14–19.

第七节　图书馆阅读推广志愿者的激励实施

对志愿者实施激励要讲究一定的方式和方法，图书馆在对志愿者进行激励时可以采取内在激励结合外在激励方式，以内在激励为主。内在激励对志愿服务本身来说，是由志愿工作带来的满足感、成就感和归属感，是参与志愿服务工作带来的动力。外在激励是一种资源激励，志愿者由外在资源调动起来的积极性，包括物质激励和社会增权激励。图书馆在实施阅读推广志愿者激励的过程中应不断挖掘志愿者内在激励，采取以内在激励为主、外在激励为辅的实施对策。

一、实施激励策略

（一）内在激励

（1）心理契约激励。心理契约，是指雇佣双方对雇佣关系中彼此应付出同时又应获得的主观心理约定，约定的核心成分是雇佣双方内隐的不成文的相互责任[1]。心理契约是一个复杂的心理过程，它具有主观性、动态性、期望的特点，心理契约是志愿者个体对于组织以及成员相互责任的认知，是一种主观感觉，其因工作环境的变化而处于一种不断变化与修正的状态。心理契约是形成员工工作态度和工作行为的决定性因素，如果员工认识到组织未主动履行所承诺的义务，那么将会产生相应的认知评价与情感反应，并以失望和愤怒为特征。因此，如果组织违背心理契约，那么成员会降低对组织的信任程度，减少对组织的责任和努力，增强退出意识。图书馆应关注心理契约激励，使阅读推广志愿者对图书馆期望和图书馆开展的阅读推广志愿服务目标达成一致，甚至统一，使志愿者在志愿者队伍中感到一种认同感和尊重感，激发志愿者参与阅读推广志愿服务的积极性。

图书馆可以通过颁发阅读推广志愿者服务证明或证书、纪念品以及举行会议表彰等正式形式的认可，也可通过在工作中说声谢谢，关心志愿者的学业和发展，与志愿者建立相互信任关系，平等公正对待每一位志愿者，为志愿者过生日等非正式形式表示认可。

---

① Herriot P，Manning W E G，Kidd J M. The Content of the Psychological Contract［M］. British
　　Journal of Management，1997，8（2）：151–162.

心理契约激励能够很好地满足志愿者被肯定和被重视的需求。志愿者对图书馆阅读推广服务事业的认同和对服务创造过程的认同增强了图书馆阅读推广志愿者队伍的凝聚力，使更多的志愿者投入到阅读推广志愿服务当中，图书馆阅读推广志愿服务得到了越来越多人的认同和支持，提升了志愿者的成就感和工作满意度以及对图书馆的忠诚度。因此，心理契约激励对调整和控制志愿者行为，激发他们的积极性和创造性，最终实现图书馆志愿服务目标与志愿者行为的协调一致有很大的帮助。

（2）组织授权激励。组织授权本质上是组织与团队、团队领导与成员个体之间的决策权力和职责下放的过程[①]。图书馆在阅读推广活动中可将相关的管理权力分放给志愿者，把志愿者分为不同的分队，设立队长，分队下面分为不同的组，设立组长，分别实行队长负责制和组长负责制，组长向队长负责，队长向图书馆工作人员负责。这样的授权方式有利于提高志愿者服务的积极性和主动性，提高志愿者自主参与管理的意识和主人翁意识，使阅读推广志愿者团队充满创新和活力。志愿者具有自我实现需求，需要社会的认同感，组织授权能够让志愿者感觉到自己为社会所需要，同时通过参与图书馆阅读推广志愿者的管理决策和策划，能提高志愿者自身的管理能力。

在图书馆阅读推广活动的授权中，合理授权是关键，应充分把握明确性、权责对应等原则，选择合适的志愿者，授予权利的同时讲明其应承担的责任。在选择志愿者时应充分体现公平公正的原则，以能力和素质为主要考虑方向，尽量对各项指标进行量化，客观公正授权。权力比较大的队长和组长则由志愿者民主选举产生，图书馆综合各项考查后给予任命。授权激励可以使图书馆阅读推广志愿者发挥其聪明才智，发掘工作潜力，也使得图书馆可支配资源最大限度得到利用，提高图书馆阅读推广志愿服务的工作效率。

（3）培训激励。图书馆在对阅读推广志愿者进行培训的过程中应重视对志愿者的激励。如前所述，志愿者有奉献需求、求知需求和自我实现的需求。通过阅读推广基础培训，图书馆阅读推广志愿者可以了解志愿服务工作，明白志愿服务工作的意义和志愿事业的发展，了解图书馆的宗旨和使命，促进志愿者

---

① 黄玉清，徐旭珊. 团队授权：创建高绩效的项目团队［J］. 经济管理，2003（2）：12–17.

的个人目标与图书馆服务目标达成一致，志愿者管理人员在培训过程中使志愿者产生一种激励作用；通过岗位培训，志愿者掌握与图书馆阅读推广服务工作相关的知识、技能及要求，确保服务质量达到应有的水平。培训从满足志愿者需求的角度上积极激发志愿者潜能，增强志愿者工作的信心，促进志愿者个人能力发展。对于希望通过参与图书馆阅读推广志愿服务活动来丰富自身经历与技能的志愿者，可以定期为考核优秀的志愿者提供参与培训、讲座等具有针对性的活动机会，增强志愿者的个人技能，学到新的知识。用培训机会和新的更高层次的工作机会，促使志愿者更用心地进行志愿服务，营造志愿者间良性的竞争氛围。同时，通过增加志愿者的培训机会，激励志愿者在阅读推广志愿服务工作中尽情绽放个人能力，既满足了志愿者的个人需求，也为图书馆阅读推广志愿服务的顺利开展奠定了坚实保障。同时，开展多样培训，一定程度上增加了阅读推广志愿者就业、录用、评奖评优的机会，从激励制度上保证了图书馆阅读推广志愿服务事业的良性发展。

（4）工作轮换激励。从志愿者的管理层面来看，要结合需求科学地设置岗位、清晰地界定工作边界，才能增强志愿者服务动力、塑造志愿者服务氛围、提升服务绩效。同时，跨岗位、跨团队以及多目标的服务模式是志愿者可以接受的工作状态，在志愿者可以承受工作负担的背景下，适当安排"跨边界"的复合型工作，不仅可以实现人力资源的充分利用，还可以满足志愿者的非功利性目的[1]。参与图书馆阅读推广工作一定时间后，志愿者可能会感到乏味和无趣，通过定期地变换志愿者的服务岗位，增加志愿者参与阅读推广项目活动的机会，可以让他们体验不同的岗位与活动，以阅读推广志愿服务工作本身驱动力对志愿者进行激励，使志愿者在工作中学到一定的知识和技能，提高综合能力，达到激励的目的。图书馆可以通过工作轮换的激励方法，让阅读推广志愿者接触不同的工作岗位，接受新的工作培训和工作内容，既增强了志愿者工作技能的多样性，又使志愿服务工作更具有挑战性，能够激发志愿者服务的积极性。图书馆还可将相关的图书馆阅读推广工作组合起来，使之成为一个内容更加丰富

---

[1] 周杰. 会展志愿者角色特征对服务绩效的影响——基于非功利性服务动机调节效应的研究 [J].
商业研究，2017（8）：20-26.

的工作组合，不断丰富图书馆阅读推广工作内容，志愿者能够在克服各种工作困难中获得乐趣，不断地学习新知识和技能，在阅读推广志愿服务工作过程中实现自我价值。通过工作轮换，志愿者自我引导，克服困难，完成挑战性的工作。工作轮换激励不仅发挥了志愿者的工作积极性和主动性，还可以鼓励志愿者进行工作创新，提出新的看法和见解，逐步满足志愿者奉献需求、自我实现需求、求知需求和社交需求。

（二）外在激励

外在激励主要指物质激励和社会增权激励。

外在激励对于阅读推广志愿者来说也是必不可少的激励方法，志愿者无偿奉献自己的时间和精力投入到志愿服务当中来，不以经济收入为主要目的，但是一定的福利待遇还是应该有所保障，比如志愿者服务中的基本交通和餐饮费用等。

社会单位也应该给予阅读推广志愿者一定的支持与鼓励，随着社会大环境的变化，越来越多的人接受并认识志愿者，给予有志愿者服务经历者一定的增权激励，比如把志愿者服务纳入个人职业考评体系、社会福利体系和人才培养体系等。进行增权激励需要相关部门大力配合，社会大环境对志愿者工作高度认可与支持，增权激励的实施需要社会对志愿服务有高度的认可与支持，随着全民对图书馆阅读推广志愿服务的接受和认同，全社会志愿服务体制的建立与健全，增权激励会更能吸引志愿者投入到阅读推广志愿服务行列来。比如《北京市志愿服务促进条例》中规定，鼓励国家机关、企业、事业单位等，在同等条件下优先录用、聘用和录取有志愿服务经历者，志愿者所在单位应当为志愿者参与志愿服务活动给予支持并提供必要的条件，教育行政部门、学校和有关社会团体应当将培养青少年志愿服务意识纳入思想品德教育内容，鼓励和支持大学和中学学生利用课余时间参加志愿服务活动。

二、激励实施方法

对于图书馆阅读推广志愿者必须建立一套完善可行的激励实施方法。例如：可以按照志愿者参与图书馆阅读推广志愿服务的时长把志愿者分为短期志愿者和长期志愿者，对于长期志愿者可以提供高层次的激励，这样既激励了长期志愿者，又能促使短期志愿者积极转化为长期志愿者，进一步拓展图书馆阅读推广志愿者队伍；也可以根据志愿者工作评估标准对志愿者进行评估，按照评估结果对志愿者进行不同的激励。总之激励实施方法应能够更好地激励志愿者，让志愿者不断进取，不断调动其积极性和服务热情。

（1）根据志愿者阅读推广服务时数评定志愿者等级，并颁发奖章。

①金质奖章（5星志愿者）500小时

②银质奖章（3星志愿者）300小时

③铜质奖章（2星志愿者）200小时

（2）周（或月）阅读推广志愿者之星

①评选时间：工作时期内的每一周（或月）

②评选对象：本周（或月）参与阅读推广志愿者工作的所有志愿者

③评选程序：各小组组长根据本组开展的阅读推广志愿服务工作情况向图书馆推荐，图书馆根据被推荐人的综合考评情况选出周（或月）阅读推广志愿者之星，并在图书馆阅读推广志愿服务专栏上标注和宣传。

（3）周（或月）优秀组长的评选

①评选时间：工作时期内的每一周（或月）

②评选对象：本周参与阅读推广志愿者工作的所有组长

③评选程序：各分队长根据该组的工作情况和组长的工作与活动表现，综合考评选出本周（或月）的优秀组长，并在图书馆阅读推广志愿服务专栏上标注和宣传。

（4）周（或月）最佳分队的评选

①评选时间：工作时期内的每一周（或月）

②评选对象：本周（或月）参与志愿者工作的所有分队

③评选程序：图书馆根据每队的工作情况，如出勤率、参与例会的情况进行评分评比，分数最高的分队当选最佳分队。

（5）年度十佳阅读推广志愿者的评选

所有志愿者均有参选资格，宜在每年年底图书馆阅读推广志愿者大会之前选出。由于志愿者人数众多，从公平公正角度出发，需对志愿者进行量化管理。具体可参考表 7–1。

表 7–1　图书馆十佳阅读推广志愿者评分表

加分情况	加分	减分	备注
准时到岗，认真工作，经组长推荐，图书馆确认	1 分	—	每组每周不多于 3 人
周志愿者之星	2 分	—	
工作心得	1 分	—	
参加团队活动	1 分 / 次	—	
比赛中获得第一名	3 分	—	
比赛中获得第二名	2 分	—	
比赛中获得第三名	1 分	—	
参与图书馆阅读推广组织策划	2 分 / 次	—	
参与例会等各项活动	0.5 分	—	
其他加分情况，由图书馆审批，并向全体志愿者公示			
减分情况	**加分**	**减分**	**备注**
无故缺席例会或志愿者工作	—	4 分	
请假，没参加志愿者工作或例会	—	1 分	特殊情况不扣分，图书馆确认
工作早退迟到	—	0.5 分 / 次	以考勤表为准
怠工，不积极工作	—	0.5 分 / 次	队员互相监督，组长确认
签到，但未参加工作	—	2 分 / 次	队员互相监督，组长确认
其他有损志愿者名誉或违反纪律的情况，参见志愿者管理章程及相关制度，由图书馆酌情决定			

　　图书馆在具体操作过程中，可结合实际情况进行具体操作。如果已有社会层面统一的志愿者积分管理措施，也可参考统一的标准，结合阅读推广志愿者的具体工作表现进行评判。

三、负激励

从理论上讲，有激励就会有惩罚。虽然对于怀有爱心且不求回报的志愿者加以批评甚至惩罚显得不合情理，但是为了防止图书馆、读者以及其他志愿者的利益受损，为了避免出现更多的失误或事故，对志愿者进行负激励也是图书馆管理阅读推广志愿者的必要工具和手段。

所谓负激励，是指当志愿者的行为不符合图书馆目标或社会需要时，图书馆应给予惩罚或批评，使之减弱和消退，从而抑制这种行为。负激励的具体表现主要为：警告、纪律处分、经济处罚、降级、降薪、淘汰等。负激励也是激励机制中重要的一个措施。目前，图书馆在志愿者管理中负激励方式的实施力度低，也缺少监管和后期的反馈。大部分图书馆在组织志愿活动的过程中，面对志愿者可能会出现的一些不良行为，并没有制定详细的惩处措施，无法按照所犯错误的级别进行相应的处理。无论是奖励还是惩罚，前提是要制定一个严格的标准，在开展图书馆阅读推广志愿服务活动之前，图书馆要制定完善的管理规章，在培训的时候也需要让阅读推广志愿者熟悉他们切身的权利与义务；同时，图书馆应为每个志愿者建立一份个人档案，除记录志愿者的基本信息（如联系方式、服务意向、特长等）、服务经历、获得的荣誉外，应对于阅读推广志愿者每次服务都进行相应的评分，作为之后对其服务做出表彰或批评的依据。在阅读推广志愿者的日常管理中，要及时地完善志愿者的考核表和个人档案，定期将志愿者的服务情况与志愿者沟通，对于优秀的志愿者要给予表彰或以其他形式进行鼓励（如提前轮岗体验、评选志愿者之星等），同时对于表现较差且不改正的志愿者则要采取相应的惩处措施。

惩罚甚至辞退志愿者，无论对图书馆还是志愿者而言都是一种损失，在进行负激励之前，管理员必须经过充分而慎重的考虑，包括当地的法律规定，应关注志愿者不能完成指定任务的原因；是否发生了重大的生活变故；更换志愿服务的时间或同伴是否有效；被辞退的志愿者在图书馆内是否还有更适合的岗位等。在对问题进行思考后，如果仍然需要辞退志愿者，还需要对他们进行耐心细致的解释。

　　单纯地运用正激励是完全不够的，要正激励和负激励双管齐下，互相配合，既鼓励志愿者的优秀行为又防范志愿者的不良行为，无论是奖励还是惩罚都是为提高志愿者的服务成效，让志愿者的作为更加趋向于图书馆的期望。激励旨在在志愿者间营造良好的竞争氛围，鼓励志愿者参与其中，体会到志愿精神。

第八讲

图书馆阅读推广志愿者的反馈与权益保障

目前，图书馆在与志愿者的沟通中呈现诸多问题，这不仅与问题范畴自身有密切的关系，严格地说，这些问题与图书馆与阅读推广志愿者之间缺失反馈环节有或多或少、直接或间接的关系。在信息时代的宏观背景下，反馈显得弥足珍贵。

志愿者无疑是一个特殊群体。就志愿者层面来说，我国还未出现一部完整、专门的保障志愿者权益的法律或法规。虽然在《志愿服务条例》《中国注册志愿者管理办法》《关于推进志愿服务制度化的意见》《志愿服务信息系统基本规范》等文件规定上有一定的进步，但与我国志愿者事业飞速发展急需优良权益保障的现实需求还有比较明显的差距。通过立法确定志愿服务的法律地位，为志愿者提供法律保障，确保志愿服务工作健康发展，是国际上通行的做法。只有加强有关志愿者服务的法律、法规的制定，才能保障志愿者的合法权益，才能保证志愿者队伍的不断壮大和健康发展①。

第一节　图书馆阅读推广志愿者的反馈

反馈是图书馆阅读推广志愿者管理过程中志愿者向图书馆提出建议和意见，并能及时得到图书馆的回应和答复，是志愿者逐渐参与图书馆管理决策和规划，实现志愿者自主管理和主动参与志愿活动的一个重要环节。在目前的图书馆志愿

---

① 马春.公共图书馆志愿者服务工作探析——以上海图书馆为例［J］.农业图书情报学刊, 2015, 27（1）: 190–192.

者管理实践中，图书馆有让志愿者参与管理的意愿，大多数志愿者也有主动向图书馆表达自己想法的需求，但很多志愿者的想法却无处表达，无法与图书馆进行有效反馈。因此，在图书馆阅读推广志愿者的管理中，要改变志愿者目前被动接受管理的状况，变被动管理为主动管理、积极管理，让阅读推广志愿者积极参与到志愿者管理当中来，表达自己对服务工作的意见和建议，由图书馆和阅读推广志愿者共同商讨是否可行，这样更能够发挥阅读推广志愿者主人翁的意识，调动志愿者积极性，既可以节省图书馆人力财力，又能够高效正确地管理志愿者，使图书馆阅读推广志愿者服务工作更好地开展。

一、反馈内容

如本书第五讲中从图书馆阅读推广志愿者管理流程图（图 5-1）可以看出反馈渗透于招募、培训、激励和评估各个环节中，志愿者管理各个环节是否妥当，是否符合志愿者实际情况，都可以通过反馈来了解情况。在进行管理工作的同时，做好及时反馈工作，有利于了解志愿者真实需求动机，也可及时解决在管理中各个环节出现的问题。反馈的内容主要包括志愿者管理的几个环节。

（一）招募中的反馈

在招募的过程中，通过志愿者的反馈，图书馆可以了解志愿者参与志愿服务的需求，从图书馆阅读推广志愿者服务伊始，掌握志愿者参与阅读推广活动动机，通过对有不同动机的志愿者进行分类，采用不同的方法进行激励，有利于志愿者管理工作的开展。可在报名申请表中设置相关问题，在面试时让志愿者口头表达或采用问卷调查的方式进行反馈。

（二）培训中的反馈

在志愿者培训过程中进行反馈，可以了解志愿者的培训需求、培训效果，培训方式是否得当，以及志愿者对工作安排是否认同，志愿者可提供的服务时间和时段是否能够满足图书馆要求等。阅读推广志愿者可以直接通过与图书馆相关管理人员进行交流，或者在集体会议上反馈自己的想法和建议。图书馆应在综合阅读推广志愿者反馈的意见后，对培训进行及时改进或调整，努力把培训环节做得更好，使志愿者能真正学到图书馆阅读推广服务所需的知识和技能，为图书馆阅读推广工作顺利开展奠定基础。

（三）评估中的反馈

评估的一个重要特性就是沟通，通过与志愿者沟通实现评估的真正目的。评估中的反馈要让志愿者参与到评估工作当中来，对评估标准、评估打分设置是否严格执行，评估是否公正合理等，接受志愿者的监督，确保评估结果的客观和公正。

（四）激励中的反馈

在实施激励的过程中反馈很重要，图书馆可以通过反馈了解激励方式是否适合志愿者，志愿者是否觉得合理和公正，是否达到激励的目的和效果等。通过与组长、队长或者图书馆进行沟通，将大家的意见和想法反馈上来，促进激励有的放矢，真正发挥激励在图书馆阅读推广志愿者工作中的作用。

二、反馈方法

根据反馈形式，反馈主要有正式反馈和非正式反馈。正式反馈一般指图书馆定期向阅读推广志愿者征求工作意见和建议，定期开展问卷调查、召开志愿者例会，了解志愿者的需求变化及近期工作的意见和建议等。非正式反馈主要指志愿者在图书馆未开展正式反馈时向图书馆提出的工作意见和建议，如个别谈话、沟通聊天等。

（一）问卷调查

在图书馆开展阅读推广志愿服务工作的过程中，定期向志愿者发放问卷，调查和了解志愿者对近期工作的意见和建议，问卷可涉及图书馆阅读推广志愿者管理的各个环节，也可以是某个节点。问卷题目的设置既应体现图书馆的反馈需求，也应给予志愿者更多的主观空间。问卷的填写可以是匿名的，也可以是署名的，带署名的问卷更能了解某个人的反馈信息，对于提出有价值、可行的、有利于图书馆阅读推广志愿者服务工作的意见和建议的志愿者，可以进行嘉奖、表扬，或进行加分。

（二）召开例会

志愿者小组、分队要定期召开工作例会，在会议上可以对提出的问题进行讨论，让志愿者广泛发表自己的看法，集思广益。图书馆可以参与组织会议或列席会议，同时要做好会议记录，将志愿者的意见和建议等进行汇总和归档，关于志愿者提出的意见和建议，图书馆应及时给以答复，并积极落实，鼓励志愿者主动参与，主动反馈，使反馈机制得到良性循环。

（三）个别谈话

图书馆应开设交流空间和沟通渠道，志愿者可与图书馆进行面对面的交流，图书馆也可以找志愿者进行沟通。交流沟通是双向的。直接交流能及时快捷地解决图书馆阅读推广志愿服务中出现的问题，图书馆也能快速了解志愿者的心理变化情况，及时给予鼓励与疏导。在图书馆阅读推广志愿服务工作中，"直接与图书馆沟通"这种非正式的交流方式为大多数志愿者所认同。

三、反馈渠道

图书馆阅读推广志愿者要进行反馈就要有畅通和多样化的反馈渠道，图书馆只有保证志愿者反馈渠道畅通和多样化，志愿者才有可能变被动为主动，增强主人翁意识，发挥积极主动性，主动参与到志愿者管理中来。在图书馆阅读推广志愿者管理的实践中，要改变志愿者与图书馆反馈渠道不畅的局面，图书馆应该根据实际工作情况，有意识地开通志愿者反馈途径，打造立体化的反馈渠道。首先，从反馈主体上说，应建立多元反馈主体机制。上到政府（包括机构和部门），中到图书馆，下到普通的志愿者都应被吸纳到反馈机制的整体治理中。其次，从反馈路径上说，应打造"自上而下""自下而上""左右互动"叠加的立体式反馈路径。相比于长期以来一直实行的"自上而下"反馈路径，多向度互动的立体化反馈路径有利于反馈质量的提升。最后，从反馈手段上说，应建立线上与线下充分结合的网状型反馈网络。

考虑到目前互联网发展的状况，除了传统的线下反馈渠道，在图书馆阅读推广志愿者管理中应提升虚拟化的反馈渠道。

（一）书面提交

志愿者可以通过书面的形式将自己的意见和见解，或者是参与志愿服务的心得体会上交图书馆，图书馆审阅后要及时给以答复并解决，并对积极参与反馈的志愿者进行表彰和鼓励，以打分的形式进行，参与到志愿者的评估和激励当中。

（二）面谈

志愿者与图书馆进行面对面的交流，这是一种非正式的反馈形式，便于解决志愿服务中出现的细节问题，基本上可以当场给以解决。当志愿者反馈的信息非常有价值或者事件重大，可以考虑请志愿者提交书面材料，进一步进行反馈。

（三）网站论坛

在加大图书馆阅读推广志愿活动宣传力度，大力发展图书馆阅读推广志愿活动的同时，图书馆可以考虑在图书馆网站上开辟阅读推广志愿者专栏，除图书馆阅读推广志愿活动的相关规则制度、组织结构、队伍建设、学习培训、志愿者风采、报名表下载等栏目，还应设立图书馆阅读推广志愿者论坛。作为一个宣传窗口，不仅可以让众多读者了解和熟悉图书馆阅读推广志愿者活动的宗旨和理念，还可以通过网站直接报名参与阅读推广志愿活动。同时利用论坛这个虚拟天地，也可以让图书馆阅读推广志愿者们进行内部沟通和交流。

（四）微博、微信和 QQ

随着电子设备的普及，越来越多的人选择使用微博、微信、QQ 来进行沟通和交流。图书馆应该大力推动这种反馈沟通的虚拟渠道。通过这些线上的虚拟渠道，志愿者与志愿者、志愿者与图书馆之间可直接进行点对点的联系和反馈，提高了反馈的效率，必然也会提高图书馆阅读推广志愿服务的运行效率。同时，还可以利用这些虚拟渠道进行反馈日志的记录和归档，为日后出现相同问题提供便捷的可供参考的解决方法。

图书馆阅读推广志愿者反馈机制的建立，其目的主要是调动阅读推广志愿者工作积极性和主动性，建立志愿者的主人翁意识，让志愿者逐步参与到自身管理中来，对志愿服务活动献言献策，逐步进行志愿者自我管理和人性化管理，帮助图书馆共同把图书馆阅读推广志愿服务活动开展得有声有色，逐步实现"自上而下""自下而上""左右互动"叠加的立体式反馈策略。

【案例】本馆馆员需要互动交流，志愿者也是如此。澳大利亚国家图书馆将志愿者视为自己员工的一部分，重视与他们的沟通交流，即双方的互动。一方面，图书馆为每个志愿者分配了一个"管理者"，他的职责既是指导其具体服务工作，又是接受其服务的反馈，这样就会使志愿者时刻与图书馆工作人员保持密切交流，保证每个人所从事的服务工作正常开展；另一方面，成立了类似工会组织的"好友俱乐部"，这个组织主要是保障志愿者的权益，但同时也给他们进行内部交流提供了平台与机会。

第二节　图书馆阅读推广志愿者的权益保障

图书馆阅读推广志愿者服务是否能长期、健康、有序开展，依赖于法治建设的支持和保障。国家应将志愿服务活动推向法制化，规范志愿者服务的活动，保障志愿者的权利，并对不合法的行为予以追究，这是促进图书馆阅读推广志愿者服务开展的必要保证。

一、图书馆阅读推广志愿者权益保障的必要性

目前，从志愿者层面来说，我国还未出现一部完整、专门的保障志愿者权益的法律或法规，我国关于志愿服务的立法工作多以地方性法规为主。比如：1990年4月，深圳市义工联合会注册成为中国内地第一个义工法人社团；2005年7月1日，《深圳市义工服务条例》出台，成为中国内地第一部规范义工工作的地方性法规。再比如，《江苏省志愿服务条例》《广东省青年志愿服务条例》《山东省青年志愿服务规定》《宁波市青年志愿服务条例》《黑龙江省志愿服务条例》《南京市志愿服务条例》《成都市志愿服务条例》《北京市志愿服务促进条例》《上海市志愿服务条例》等，各个地方都制定了相关的志愿服务条例。但是，这些地方法规很多规定不统一、不规范，使志愿服务组织机构的发展受到很大限制，使志愿服务活动开展停留在较低的水平上，与我国志愿者事业飞速发展急需优良权益保障的现实需求还有比较明显的差距。通过立法确定志愿服务的法律地位，为志愿者提供法律保障，确保志愿服务工作健康发展，是国际上通行的做法。只有加强有关志愿者服务的法律、法规的制定，才能保障志愿者的合法权益，才能保证志愿者队伍的不断壮大和健康发展[①]。

---

① 马春.公共图书馆志愿者服务工作探析——以上海图书馆为例［J］.农业图书情报学刊，2015，27（1）：190–192.

只有完善志愿者管理的法律体系，才能更长久地推动志愿者管理机制的规范化和有序化。具体涉及两个维度的变革：首先，应整合目前在志愿者管理范畴上的碎片化的法律法规和文件。碎片化的法律规定致使法律罅隙的存在，特别是在利益纠葛上，碎片化的法律体系更是加剧和刺激"选择性""偏差性"甚至"替换性"的异化的志愿者管理结构。其次，应进一步健全志愿者管理范畴的法律规范。目前，就志愿者层面，我国还未出现一部完整、专门的关于志愿者（管理）的法律或法规。特别是在志愿者权益厘定、志愿者培训要求、志愿服务绩效等诸多层面需要及时更新和完善。从理论角度看，马斯洛的"需求层次论"早已揭示：人们的需求是分层次的，只有低层次的安全需求得到基本满足后，高一层次的需求才会出现。若志愿者群体最基本的安全需求都未能得到充分的保障，又如何促成图书馆阅读推广志愿者管理机制的良性提升志愿服务活动是一个道德的规范，也是一个法治的规范，是自律和他律的结合，完全靠志愿者自律是无法长期开展志愿服务活动的。因此，法律体系的健全是整体治理得以有效展开的逻辑前提。

二、图书馆阅读推广志愿者权益保障的国外经验

美国、澳大利亚、英国、日本等志愿服务发达国家都制定了促进志愿服务的法律，对志愿服务活动开展、志愿组织、志愿者提供法律上的支持、规范等，值得我国正在走向法制化的志愿事业进行借鉴。

（一）重视志愿者档案管理，明确志愿者责任义务——美国洛杉矶郡公共图书馆 [①]

洛杉矶郡是美国加利福尼亚州的一个郡，也是美国人口最多的郡。洛杉矶郡公共图书馆成立于 1912 年，为郡内非城市化区域和部分城市提供服务，其在 51 个城市设立 65 个社区图书馆，在 125 个非城市化区域设立 24 个社区图书馆和汽车图书馆。洛杉矶郡公共图书馆系统的服务覆盖全部非城市化区域和 51 个城市，这是提供城乡一体化服务的大型图书馆系统类型。在这个庞大的郡图书馆系统内，志愿者服务将是一项必不可少的工作。在 2007—2008 年间，洛杉矶郡公共图书

---

① 于凝雨.国外公共图书馆志愿者服务管理的经验与启示——以美国洛杉矶郡公共图书馆为例[J].
　新世纪图书馆，2013（11）：79–82.

馆有超过 2000 志愿者总计贡献了 117538 小时，节约开支超过 2200000 美元。

志愿者每次工作都要在系统里登录和退出，这样便于认可和促进志愿者的工作，同时从安全角度考虑，也可以随时知道是谁在工作。规范记录并存档志愿者工作时间，按月度报告网上传给公共服务管理部门。志愿者不只是填写志愿者申请就可以，通过他们的工作时间记录，还可以完善他们的即时扫描记录。

志愿者必须遵守图书馆员工统一的个人形象要求。志愿者必须保持整洁，在当职时要觉得自己代表着郡图书馆的形象。

所有已经注册的志愿者在图书馆分配工作后都享受责任保险。为了更好地履行责任保险，图书馆要存档每一个有志愿者署名的志愿者申请表。保险只在志愿者履行志愿工作时生效，志愿者在旅行中、在家中或者他们不代表郡图书馆的形象出现时都不在保险范围内。

当志愿者当职期间受伤，必须及时通知志愿者监事、区域管理员和志愿者项目办公室。志愿者在当职期间因驾驶交通工具导致受伤或致他人财产损失的，可以向郡索取赔偿，但前提是要求志愿者必须持有有效的加利福尼亚驾驶执照并且遵守加利福尼亚州法律，包括遵守与财产责任相关的法律。

（二）依靠统一的法律规章制度，赋予志愿者权利——澳大利亚国家图书馆

澳大利亚国家图书馆自 1989 年起，就开展了"志愿者服务项目"，该项目旨在为社会公众提供一个支持和提升图书馆服务的机会。自启动以来，已有 23 年的历史，无论在图书馆日常服务中，还是在临时性的活动中，都已形成了比较完善的管理运作模式。据澳大利亚国家图书馆官方网站显示，2016 年至 2017 年，共有 74 位不同知识背景、不同生活经历的志愿者参与图书馆服务，占当年馆员人数的 19.47%，协助工作人员回复约 2000 位图书馆注册会员的提问，并帮助接待了国内外大约 49.7 万的到馆读者、116.9 万线上读者。

澳大利亚国家图书馆赋予志愿者较多的权利。澳大利亚国家图书馆在"志愿者项目政策"中单独列出一章专门介绍志愿者的权利与义务，对其进行了明确规定。在个人身份方面，图书馆将志愿者视为其合作贡献者和成员之一，把在图书馆服务的志愿者当作本馆员工并赋予其较多权利。在志愿者获知信息方面，他们有权了解澳大利亚国家图书馆的相关政策和规程，获取与图书馆志愿服务相关的

信息，以便开展工作。此外，志愿者还有权质疑管理者对自身的反馈与评价，并为自己的志愿服务工作寻求支持与帮助。针对具体服务工作，志愿者有权利接受系统培训与指导，并根据自身兴趣与意向接受相对应的岗位分配。值得一提的是，在个人保障方面，志愿者会享受到澳大利亚国家图书馆提供的职业健康与安全保障、个人保险、舒适的工作空间、馆内通信设备及其他可以利用的资源。可以发现这些权利基本上可以满足志愿者的正常服务工作，并为其提供支持与保障。

在规章制度方面，志愿者有义务依照《公共服务法案1999》中《澳大利亚公共服务价值》和《澳大利亚公共服务行为准则》两项规范开展志愿服务活动，这些规范主要是要求志愿者服务时须体现图书馆的良好形象。同时，他们的行为还要与澳大利亚国家图书馆政策、实践及其他相关规定保持一致，如《联邦职业健康与安全法案》等。在信息沟通方面，志愿者须事先告知图书馆有关个人的身体条件信息，以确保图书馆掌握志愿者的身体健康状况。如需要支持、反馈、监督和汇报，志愿者可以与上级部门负责人及时取得沟通。当遇到突发事件或发现潜在的隐患，也须及时告知志愿者管理部门。此外，志愿者须具有岗位要求的相应技能和服务经验，并要为图书馆保守有关秘密。

为了更好地对志愿者进行管理，澳大利亚国家图书馆制定并应用了相关协议，比如，除了要提交个人申请表之外，还要签订志愿者协议、法律声明、澳大利亚国家安全检查协议等，签订这些的目的是使参与服务的志愿者明确自身条件是否完全符合标准，以保证各项服务工作安全、顺利、有序进行。志愿者协议对志愿者各种行为进行了规范并对其进行长期监督。志愿者在工作中违反相关规定，如未能圆满完成工作任务、举止行为不得体、长期缺勤等，管理部门有权发布书面通告，立即终止相关服务合作协议，取消其志愿者资格，并要求志愿者填写反馈表。

澳大利亚国家图书馆对于志愿者的服务时间并未规定最低限制，相反，却明确指出一周之内志愿服务时长不得超过16个小时，这主要是从志愿者的身体健康角度出发。如果从事短期的（1周到4周）和某些特殊的志愿服务项目需要延长服务时间，须经过志愿者管理部门的批准，方可超过16个小时。除此之外，还规定志愿者日常服务（周一到周五）的时间范围是早9点到晚5点，周末和公众假期的服务时间不得随意安排，须由志愿者管理部门批准才能执行。从规定中我们可以发现，澳大利亚国家图书馆完全从志愿者角度出发，对于其延长服务时间是有着严格审批制度的，这样就杜绝了随意安排志愿者参加某些图书馆工作的现象，维护了志愿者权利。

可以说，澳大利亚国家图书馆应用的协议文本比较全面地对志愿者管理进行了系统规范，从法律层面上避免了管理混乱、分工不明、要求不严等问题。这些协议构成了图书馆志愿者服务的总体规范文本，既起到指导、规范作用，又起到了评估、考查作用 [①]。

三、图书馆阅读推广志愿者的权益保障

我国应该加快志愿服务立法工作，使国内志愿服务事业健康、稳定发展，保障志愿者合法权益，做到有法可依。对图书馆阅读推广志愿服务而言，图书馆要制定国家法规范围内的适合图书馆阅读推广志愿服务发展的条例或者章程。

（一）加强国家层面志愿服务立法工作

国家应从法律的高度确立志愿者的社会地位，为志愿者更好地参与志愿服务提供法律支持，内容应该包括：界定志愿者权利和义务，对于违法行为依法予以追究；规定志愿服务工作中的招募、培训等相关管理程序；对志愿者的激励措施；保证志愿者的人身安全等。可喜的是，国务院在 2017 年公布了《志愿服务条例》（以下简称《条例》），对志愿服务组织的法律地位、规范管理和活动开展等进行了系统规定。《条例》的出台将进一步推动志愿服务制度化、常态化发展，提升志愿服务整体效能。

（二）在国家法律的基础上，明确图书馆阅读推广志愿者与服务对象之间的权利和义务关系

志愿服务中常见的一个问题是，志愿者与服务对象之间的权利与义务关系不明确，在图书馆阅读推广志愿者服务的过程中同样存在。而由于志愿者服务的复杂性，国家即使订立了法律也不可能明确限定志愿服务对象，志愿者提供志愿服务时，往往不能明确其与服务对象之间的权利和义务关系。因此，图书馆阅读推

---

① 刘通. 澳大利亚国家图书馆志愿者服务实践及对我国的启示［J］. 图书与情报，2012（1）：27-30，76.

广志愿者在提供志愿服务时，要通过契约的形式，从法律高度将志愿者和服务对象的权利与义务关系加以明确化，以便更好地开展阅读推广志愿者服务。

（三）将图书馆阅读推广志愿服务纳入社会保障体系

西方发达国家已经把志愿服务纳入到本国的社会保障体系之中，这可以为我国志愿服务立法提供参考。社会保障的一个重要功能是社会性功能，即稳定社会生活、安定民众生活、促进公平分配、推动精神文明，社会保障注重缓解社会矛盾和稳定社会秩序，对于弱势群体非常关注。而志愿服务正是以扶贫济困为主题，以社会困难群体为主要扶助对象，这与社会保障的社会功能非常相似。因此，把志愿服务纳入社会保障体系之中，能减轻政府负担，完善社会保障体系。

志愿服务条例 ①

第一章　总则

第一条　为了保障志愿者、志愿服务组织、志愿服务对象的合法权益，鼓励和规范志愿服务，发展志愿服务事业，培育和践行社会主义核心价值观，促进社会文明进步，制定本条例。

第二条　本条例适用于在中华人民共和国境内开展的志愿服务以及与志愿服务有关的活动。

本条例所称志愿服务，是指志愿者、志愿服务组织和其他组织自愿、无偿向社会或者他人提供的公益服务。

第三条　开展志愿服务，应当遵循自愿、无偿、平等、诚信、合法的原则，不得违背社会公德、损害社会公共利益和他人合法权益，不得危害国家安全。

第四条　县级以上人民政府应当将志愿服务事业纳入国民经济和社会发展规划，合理安排志愿服务所需资金，促进广覆盖、多层次、宽领域开展志愿服务。

第五条　国家和地方精神文明建设指导机构建立志愿服务工作协调机制，加

---

① 志愿服务条例［EB/OL］.［2018–07–20］. http://www.gov.cn/zhengce/content/2017–09/06/content_5223028.htm.

强对志愿服务工作的统筹规划、协调指导、督促检查和经验推广。

国务院民政部门负责全国志愿服务行政管理工作；县级以上地方人民政府民政部门负责本行政区域内志愿服务行政管理工作。

县级以上人民政府有关部门按照各自职责，负责与志愿服务有关的工作。

工会、共产主义青年团、妇女联合会等有关人民团体和群众团体应当在各自的工作范围内做好相应的志愿服务工作。

第二章　志愿者和志愿服务组织

第六条　本条例所称志愿者，是指以自己的时间、知识、技能、体力等从事志愿服务的自然人。

本条例所称志愿服务组织，是指依法成立，以开展志愿服务为宗旨的非营利性组织。

第七条　志愿者可以将其身份信息、服务技能、服务时间、联系方式等个人基本信息，通过国务院民政部门指定的志愿服务信息系统自行注册，也可以通过志愿服务组织进行注册。

志愿者提供的个人基本信息应当真实、准确、完整。

第八条　志愿服务组织可以采取社会团体、社会服务机构、基金会等组织形式。志愿服务组织的登记管理按照有关法律、行政法规的规定执行。

第九条　志愿服务组织可以依法成立行业组织，反映行业诉求，推动行业交流，促进志愿服务事业发展。

第十条　在志愿服务组织中，根据中国共产党章程的规定，设立中国共产党的组织，开展党的活动。志愿服务组织应当为党组织的活动提供必要条件。

第三章　志愿服务活动

第十一条　志愿者可以参与志愿服务组织开展的志愿服务活动，也可以自行依法开展志愿服务活动。

第十二条　志愿服务组织可以招募志愿者开展志愿服务活动；招募时，应当说明与志愿服务有关的真实、准确、完整的信息以及在志愿服务过程中可能发生的风险。

第十三条　需要志愿服务的组织或者个人可以向志愿服务组织提出申请，并提供与志愿服务有关的真实、准确、完整的信息，说明在志愿服务过程中可能发生的风险。志愿服务组织应当对有关信息进行核实，并及时予以答复。

第十四条　志愿者、志愿服务组织、志愿服务对象可以根据需要签订协议，明确当事人的权利和义务，约定志愿服务的内容、方式、时间、地点、工作条件和安全保障措施等。

第十五条　志愿服务组织安排志愿者参与志愿服务活动，应当与志愿者的年龄、知识、技能和身体状况相适应，不得要求志愿者提供超出其能力的志愿服务。

第十六条　志愿服务组织安排志愿者参与的志愿服务活动需要专门知识、技能的，应当对志愿者开展相关培训。

开展专业志愿服务活动，应当执行国家或者行业组织制定的标准和规程。法律、行政法规对开展志愿服务活动有职业资格要求的，志愿者应当依法取得相应的资格。

第十七条　志愿服务组织应当为志愿者参与志愿服务活动提供必要条件，解决志愿者在志愿服务过程中遇到的困难，维护志愿者的合法权益。

志愿服务组织安排志愿者参与可能发生人身危险的志愿服务活动前，应当为志愿者购买相应的人身意外伤害保险。

第十八条　志愿服务组织开展志愿服务活动，可以使用志愿服务标志。

第十九条　志愿服务组织安排志愿者参与志愿服务活动，应当如实记录志愿者个人基本信息、志愿服务情况、培训情况、表彰奖励情况、评价情况等信息，按照统一的信息数据标准录入国务院民政部门指定的志愿服务信息系统，实现数据互联互通。

志愿者需要志愿服务记录证明的，志愿服务组织应当依据志愿服务记录无偿、如实出具。

记录志愿服务信息和出具志愿服务记录证明的办法，由国务院民政部门会同有关单位制定。

第二十条　志愿服务组织、志愿服务对象应当尊重志愿者的人格尊严；未经志愿者本人同意，不得公开或者泄露其有关信息。

第二十一条 志愿服务组织、志愿者应当尊重志愿服务对象人格尊严，不得侵害志愿服务对象个人隐私，不得向志愿服务对象收取或者变相收取报酬。

第二十二条 志愿者接受志愿服务组织安排参与志愿服务活动的，应当服从管理，接受必要的培训。

志愿者应当按照约定提供志愿服务。志愿者因故不能按照约定提供志愿服务的，应当及时告知志愿服务组织或者志愿服务对象。

第二十三条 国家鼓励和支持国家机关、企业事业单位、人民团体、社会组织等成立志愿服务队伍开展专业志愿服务活动，鼓励和支持具备专业知识、技能的志愿者提供专业志愿服务。

国家鼓励和支持公共服务机构招募志愿者提供志愿服务。

第二十四条 发生重大自然灾害、事故灾难和公共卫生事件等突发事件，需要迅速开展救助的，有关人民政府应当建立协调机制，提供需求信息，引导志愿服务组织和志愿者及时有序开展志愿服务活动。

志愿服务组织、志愿者开展应对突发事件的志愿服务活动，应当接受有关人民政府设立的应急指挥机构的统一指挥、协调。

第二十五条 任何组织和个人不得强行指派志愿者、志愿服务组织提供服务，不得以志愿服务名义进行营利性活动。

第二十六条 任何组织和个人发现志愿服务组织有违法行为，可以向民政部门、其他有关部门或者志愿服务行业组织投诉、举报。民政部门、其他有关部门或者志愿服务行业组织接到投诉、举报，应当及时调查处理；对无权处理的，应当告知投诉人、举报人向有权处理的部门或者行业组织投诉、举报。

第四章 促进措施

第二十七条 县级以上人民政府应当根据经济社会发展情况，制定促进志愿服务事业发展的政策和措施。

县级以上人民政府及其有关部门应当在各自职责范围内，为志愿服务提供指导和帮助。

第二十八条　国家鼓励企业事业单位、基层群众性自治组织和其他组织为开展志愿服务提供场所和其他便利条件。

第二十九条　学校、家庭和社会应当培养青少年的志愿服务意识和能力。

高等学校、中等职业学校可以将学生参与志愿服务活动纳入实践学分管理。

第三十条　各级人民政府及其有关部门可以依法通过购买服务等方式，支持志愿服务运营管理，并依照国家有关规定向社会公开购买服务的项目目录、服务标准、资金预算等相关情况。

第三十一条　自然人、法人和其他组织捐赠财产用于志愿服务的，依法享受税收优惠。

第三十二条　对在志愿服务事业发展中做出突出贡献的志愿者、志愿服务组织，由县级以上人民政府或者有关部门按照法律、法规和国家有关规定予以表彰、奖励。

国家鼓励企业和其他组织在同等条件下优先招用有良好志愿服务记录的志愿者。公务员考录、事业单位招聘可以将志愿服务情况纳入考查内容。

第三十三条　县级以上地方人民政府可以根据实际情况采取措施，鼓励公共服务机构等对有良好志愿服务记录的志愿者给予优待。

第三十四条　县级以上人民政府应当建立健全志愿服务统计和发布制度。

第三十五条　广播、电视、报刊、网络等媒体应当积极开展志愿服务宣传活动，传播志愿服务文化，弘扬志愿服务精神。

第五章　法律责任

第三十六条　志愿服务组织泄露志愿者有关信息、侵害志愿服务对象个人隐私的，由民政部门予以警告，责令限期改正；逾期不改正的，责令限期停止活动并进行整改；情节严重的，吊销登记证书并予以公告。

第三十七条　志愿服务组织、志愿者向志愿服务对象收取或者变相收取报酬的，由民政部门予以警告，责令退还收取的报酬；情节严重的，对有关组织或者个人并处所收取报酬一倍以上五倍以下的罚款。

第三十八条　志愿服务组织不依法记录志愿服务信息或者出具志愿服务记录证明的，由民政部门予以警告，责令限期改正；逾期不改正的，责令限期停止活动，并可以向社会和有关单位通报。

第三十九条　对以志愿服务名义进行营利性活动的组织和个人，由民政、工商等部门依法查处。

第四十条　县级以上人民政府民政部门和其他有关部门及其工作人员有下列情形之一的，由上级机关或者监察机关责令改正；依法应当给予处分的，由任免机关或者监察机关对直接负责的主管人员和其他直接责任人员给予处分：

（一）强行指派志愿者、志愿服务组织提供服务；

（二）未依法履行监督管理职责；

（三）其他滥用职权、玩忽职守、徇私舞弊的行为。

第六章　附　　则

第四十一条　基层群众性自治组织、公益活动举办单位和公共服务机构开展公益活动，需要志愿者提供志愿服务的，可以与志愿服务组织合作，由志愿服务组织招募志愿者，也可以自行招募志愿者。自行招募志愿者提供志愿服务的，参照本条例关于志愿服务组织开展志愿服务活动的规定执行。

第四十二条　志愿服务组织以外的其他组织可以开展力所能及的志愿服务活动。

城乡社区、单位内部经基层群众性自治组织或者本单位同意成立的团体，可以在本社区、本单位内部开展志愿服务活动。

第四十三条　境外志愿服务组织和志愿者在境内开展志愿服务，应当遵守本条例和中华人民共和国有关法律、行政法规以及国家有关规定。

组织境内志愿者到境外开展志愿服务，在境内的有关事宜，适用本条例和中华人民共和国有关法律、行政法规以及国家有关规定；在境外开展志愿服务，应当遵守所在国家或者地区的法律。

第四十四条　本条例自 2017 年 12 月 1 日起施行。

第九讲
案例分享

第一节　苏州图书馆弱势群体阅读推广志愿者

苏州图书馆始建于 1914 年，其前身是清末正谊书院学古堂，曾为"江苏省立第二图书馆"，是我国创办较早的公共图书馆之一，至今已经有 100 多年的历史，是国家一级图书馆。

苏州图书馆总馆位于人民路 858 号，占地 16000 平方米，建筑面积 25000 平方米，是一座园林化的现代图书馆。布局上分成北、中、南三大区域。北区主楼为文献借阅区。主楼中设有书刊外借、各科阅览、计算机信息中心、科技情报中心、采编中心等。中区有古籍馆和近代园林建筑——"天香小筑"，以古文献阅览和读者休闲、贵宾接待为主；东部沿张思良巷设有古典园林式长廊，内侧雕刻苏州历代名家书画，体现苏州人文荟萃、英才辈出、文化繁荣的概貌；沿人民路一侧设有长约 60 米的空透式长廊和绿化带，与车水马龙的繁华街景相隔离；廊内雕刻苏州籍两院院士格言录，是江苏省爱国主义教育基地；南区有 2400 平方米的知识广场，环列学术报告厅、展览厅、社会教育培训中心、少儿馆等。苏州图书馆现存藏书 453 万册（件），设有苏州图书馆网站（www.szlib.com），拥有丰富的电子图书和数字资源。馆内配设阅览座位 1500 余个，是开展学术活动、读书学习、休闲娱乐的理想场所。

苏州图书馆以"平等、免费、专业、礼貌、高效"为办馆宗旨，全年 365 天开放，每天开放 12 小时。为读者提供预约借书、送书上门、远程咨询等特色服务，2014 年推出"网上借阅社区投递"项目，让读者借书就像下楼取报纸一样方便，2015 年全面推出"你选书我买单"惠民服务，有效地解决了公共图书馆馆藏建设与读者需求的对接。多年来不间断举办公益讲座、展示展览、经典诵读、茶话联欢等丰富多彩的读者活动，其中"苏州大讲坛"等品牌活动广受市民欢迎。长期开展信息推送，为机构和企业提供信息导航、科技查新、舆情监测、定题检索、全文传递等服务。注重亲子阅读推广，"悦读宝贝计划"加入"Bookstart（阅读起跑线）"，苏州图书馆也因此成为大陆地区第一家"Bookstart"成员馆[1]。

近年来，苏州图书馆致力于构建覆盖城区的公共图书馆服务体系，体系内部实行统一资源建设、统一服务标准、统一开展读者活动，目前已拥有 1 个总馆、79 个分馆、2 个 24 小时自助图书馆、3 个轨道交通图书馆、98 个网上借阅社区投递点（含 35 个自助服务点）、2 辆流动图书车、28 个图书流动服务点。2017 年，全年接待读者 1110.8 万人次，外借图书 497.6 万册，举办各类阅读推广活动 2432 场，共计 25.7 万余人次参加。苏州图书馆已成为苏州市民生活中不可或缺的公共文化空间。

苏州图书馆志愿者服务萌发于新馆开馆之初，当时团队的成员以苏州图书馆青年馆员为主，青年馆员们利用业余时间，为弱势群体提供送书上门服务；2006 年 5 月至 10 月，苏州图书馆通过举办"让我的声音陪伴你"爱心磁带征集活动，凝聚了 54 名社会爱心人士加入到志愿者队伍；2007 年，苏州图书馆与苏州中学志愿者协会高中组签订了合作协议，达成长期合作模式。2008 年 12 月 14 日，苏州图书馆志愿者协会正式成立，协会挂靠于苏州图书馆借阅部，通过制定协会章程规范志愿者的管理工作。协会秉承"敬业、高效、创新、团结、专业"的理念，通过六年的坚持发展和宣传合作，志愿者队伍日益扩大，注册成员达到 837 人，涵盖了苏州中学、苏州科技大学、苏州大学、苏州农学院等多家高等院校学生以及社会各界爱心人士，2014 年全年，苏州图书馆志愿者协会总计参与志愿服务

---

[1] 张海萍. 公共图书馆志愿者服务的实践与思考——以苏州图书馆为例［J］. 图书情报论坛，2015（6）：40–42.

人数 782 人，总计志愿服务时间 1741 小时。此外，苏州图书馆少儿部组织成立了"雏鹰志愿者"和"故事姐姐"志愿团队。"故事姐姐"志愿者服务团队和苏州图书馆志愿者协会分别荣获首届苏州市"志愿之星"十佳团队及提名奖。

随着参与志愿服务志愿者人数的稳定和素质的提升，苏州图书馆的志愿服务团队得到了进一步的巩固和提升，志愿服务项目也从原有的基础服务上得到进一步的延伸和细化。苏州图书馆除了鼓励志愿者参与日常管理服务外，更积极组织策划志愿者参与弱势群体的品牌阅读活动。

一、志愿者日常管理服务工作

苏州图书馆的志愿者广泛参与到图书馆的日常管理服务工作中，包括图书、期刊、音像资料借还、图书整理、书库整理、读者引导、读者调查、新书上架、清洁卫生、维护阅览室秩序等。2014 年 1 月至 11 月，苏州图书馆全馆共接待到馆读者 740 余万人次，平均每位工作人员每天服务读者 80 人次（包括后勤和后台工作人员）；外借图书 365 余万册次，平均每 7.6 秒就有一册图书被借出。志愿者的加入，一方面，可弥补图书馆人力资源的不足，使得专职图书馆员能从烦琐的基础事务中解脱出来，致力于开展深层次的研究咨询服务，从而更好地研究和指导读者服务工作，提高图书馆的读者服务水平；另一方面，志愿者通过参与公共图书馆的日常管理服务工作，加强了图书馆与读者之间的理解和互动，志愿者通过自身的实践和体验，更加关注并尊重图书馆员的辛勤劳动，并将这一信息传达给更多的读者，从而提高图书馆和图书馆员的社会美誉度；再者，志愿者通过参与志愿服务活动，实现了志愿者的人生观、价值观、世界观。

二、"开心果"亲子阅读活动

针对未成年人读者群体的服务——"雏鹰志愿者"活动是苏州图书馆的一项少儿志愿者活动，自 2001 年 9 月份开始以来，"雏鹰志愿者"团队先后吸引了来自全市各所中小学校的小读者超 2 万人次。小雏鹰们通过参与图书的整理和阅览室的管理活动，培养了从小遵守秩序、团队协作、奉献社会的良好习惯。经过不断创新和完善，"雏鹰志愿者"活动已成为苏州图书馆新馆开馆以来持续时间最长、在少儿读者中影响较大的一项少儿品牌活动，为加强和改进未成年人思想道德建设做出了贡献。2007年8月，苏州图书馆引进社会优质资源，与苏州高等幼儿师范学校合作成立"故事姐姐"志愿者团队，为图书馆的幼儿读者及其家长开展志愿阅读活动，故事姐姐们将幼师的优势品牌学科——儿童文学教育与图书馆的少儿阅读有效地结合起来，让孩子们通过游戏阅读的形式接受儿童文学启蒙教育，使孩子们在快乐阅读的过程中逐渐培养阅读兴趣。团队发展至今已拥有"故事姐姐"志愿者56人。

苏州图书馆作为公共图书馆总分馆制度的领路人和践行者，在做好做实总馆志愿者品牌阅读活动的同时，积极开拓分馆开展阅读推广服务。相城分馆作为苏州相城区的区馆，带动相城片区所有分馆打造"开心果"亲子阅读活动，已深入相城区每个小读者心中。

相城分馆将3~12周岁的亲子阅读活动打造成为相城区具有长效性和公益性的亲子阅读品牌活动，把"开心阅读，快乐成长，激发兴趣，放飞思想"确立为相城区亲子阅读的活动理念①。相城分馆本着一切从孩子出发的宗旨，在正式开展活动前就非常注重发挥小朋友在活动中的自主性，就连"开心果"的名字都是从小读者中广泛征集得来的。相城分馆在小读者间广泛征集活动名称和阅读主题，在活动正式开始前的一个星期，将他们认可次数最多的名称定为亲子阅读活动名称，完全从读者的兴趣爱好出发。

"开心果"亲子阅读活动的内容形式丰富多样，包括绘本故事、绘画、手工制作、舞蹈、游戏等。开展亲子阅读活动不但要具备阅读活动的策划、组织与协调能力，还要掌握一些早期教育方法，更要具备幼儿心理学等相关专业知识。在活动开展伊始，囿于工作人员数量和操作能力有限，就遇到了人员和专业知识不足的困难。

相城分馆为了能顺利开展活动，多方求助，不仅提供书面陈述，还和相城区文体局当面探讨活动的可行性，最终在相城区文体局、教育局、文明办和苏州图书馆少儿部的大力支持与协助下，决定公开面向社会招募阅读推广志愿者。由于相城区地处相对偏远，不适合在全市范围内找寻公益力量，于是相城分馆在全区

---

① 刘鑫.开心阅读　放飞思想——"开心果"亲子阅读活动［J］.图书馆杂志，2014，33（04）：103–106.

范围内诚挚找寻属于自己的志愿者，并起草相城片区志愿者征集令和志愿者管理制度。只要具备以下条件便可成为公共图书馆的志愿力量：热爱儿童文学，想要进一步了解儿童文学；愿意义务给孩子讲故事或进行幼儿教育；可以按照图书馆的要求与活动安排准时参与活动；有爱心，有信心并富有责任心。通过多方努力，"开心果"亲子阅读活动的志愿者是来自相城区幼儿园、小学的老师和幼儿师范学校"故事姐姐"志愿者队伍。

目前，相城分馆已拥有 60 名左右，稳定的、热爱儿童文学、义务给小读者带来知识分享和阅读快乐的志愿者。正是因为这些志愿者的倾情付出，才为我们的少儿阅读活动打开了新的局面。

"开心果"亲子阅读活动的策划是由 2~4 名志愿者共同完成，志愿者根据时间节点选取活动主题。3~12 周岁小读者的一个显著特点就是好动，注意力不能像成年人一样长时间集中在一个活动内容里，所以每一期的亲子活动由 3~4 个活动内容组成，时间控制在 1~1.5 个小时。其中讲绘本故事、引导小读者如何认识图书和图书馆、感恩教育等与阅读相关的活动形式是必选内容，手工制作（剪纸或折纸）、舞蹈、游戏、绘画可根据志愿者的特长组成不同的活动形式。志愿者要提前一个月提交一份详细的活动策划书，

每一份策划书里都要包括前言、活动目的、活动的具体内容和操作方法、活动必备材料、活动时间和活动地点。相城分馆根据活动主旨和可操作性对每一期志愿者的活动策划书提出修改建议，并提供相应设备和活动工具，双方共同合作完成亲子阅读活动。为了确保活动现场小读者的人身安全以及加强亲子间的交流、沟通与互动，活动期间，家长必须陪同在孩子身边共同完成所有活动内容。活动现场将有 1~2 名图书馆工作人员协助志愿者维护现场秩序，并向有亲子活动经验的志愿者学习面向幼儿讲故事的讲述技巧以及绘画方法和简单的手工制作，以便于在没有志愿者的情况下，图书馆工作人员依然可以独立地、高效地完成亲子阅读活动。志愿者在每一期活动结束之时，都会结合本期活动的相关主题为参加亲子活动的家庭推荐 3~5 本与主题相关、有意义的绘本或拼音读本，感兴趣的亲子家庭可以到少儿阅览室办理借阅服务。活动结束后，相城分馆也会根据现场实际情况与志愿者进行沟通，维护好活动秩序并进一步提升活动质量，为下一期的活

动做好准备，让每个亲子家庭都能在活动中有所收获。

"开心果"亲子阅读活动在各级领导的大力支持下以及工作人员和志愿者的配合下，取得了骄人的成绩。自 2010 年 5 月开办以来（统计时间截至 2014 年 2 月），已面向相城区的广大读者举办 67 期，4000 余人参与，多家媒体对"开心果"亲子阅读活动给予报道。活动共获各级奖 11 项，其中论文类 3 项（国家级 2 项，省级 1 项），活动类 8 项（国家级 3 项，省级 1 项，市级 4 项）：主要有中图学会青少年阅读活动金点子案例最佳策划奖、中图学会社区乡镇阅读推广活动最佳案例奖、全民阅读推广活动经典创新案例三等奖、江苏省第五届公共图书馆优秀服务成果三等奖、苏州市阅读节优秀活动奖、苏州市未成年人思想道德建设工作创新案例三等奖和中图学会获奖论文等奖项。

相城分馆在活动期间更注重发掘在亲子阅读方面的志愿者人才，鼓励他们多为小读者带来精彩纷呈的特色活动；并推荐部分志愿者写关于绘本和亲子阅读的文章，此类文章已被中国图书馆学会阅读推广委员会会刊《今日阅读》收录；在亲子阅读方面比较优秀的志愿者也被引荐至苏州图书馆苏州大讲坛讲师团，不定期地在总分馆体系中开展有特色的亲子讲座与家长沙龙。相城分馆举办的"开心果"亲子阅读活动已成为连接苏州图书馆及其他分馆在亲子阅读领域的桥梁；也为其他分馆举办少儿活动做出勇敢尝试，成为其他分馆学习的榜样。该活动已在相城区的小读者中留下不可磨灭的印迹，因为在这个"开心果"的魔法乐园里，他们找到的不仅仅是快乐，更多的是自信和对家庭、对亲情的深入理解。在寓教于乐的氛围里，让亲子家庭享受着相城分馆带给他们的种种乐趣，这或许就是阅读与独立思考的魅力。

三、"我是你的眼"——苏州图书馆视障阅读志愿者主题活动

苏州图书馆于 2001 年搬迁至新馆后，设立了盲人阅览室，并陆续购买了1400 多册盲文图书和 3000 多盒录音带及光盘，另外还配置了轮椅、盲文打印机、刻录机、安装盲用软件的电脑等供盲人利用。近年来，盲人阅览室借助丰富的馆藏文献资源以及社会志愿者的爱心力量，开展了一系列有针对性的文化阅读活动，为视障读者提供免费的公共文化服务，向他们普及文化知识、传播先进文化，以

满足他们的文化需求，保障其基本的文化权益。

针对视障读者群体的服务——"我是你的眼"，苏州图书馆视障读者文化主题活动是一项由志愿者广泛参与的系列活动，自 2006 年"让我的声音陪伴你"爱心磁带征集活动以来，组成了包括以大学退休教师、苏州市传统文化研究会退休理事、退休文艺工作者、街道社区退休人员、图书馆青年馆员，以及一批极具志愿精神的社会人员为核心的志愿者团队，定期为苏州图书馆视障读者开展志愿服务，经过近十年的默默耕耘，陆续形成了"庆祝全国助残日、国际盲人节""盲人读书会""盲人爱心电影""特殊群体帮教服务""走出户外触摸世界""护盲小分队"系列主题志愿服务。

（一）盲人读书会

由各界爱心志愿者，为视障读者解读名著，介绍各地历史文化、民俗风情。阅读经典不仅能培养个人的文化素养，也是树立正确优雅人生观念的一种途径。为更好地发挥公共图书馆的教育职能，苏州图书馆借阅部利用馆藏资源，读书会志愿者通过导读的方式，培养和提高视障读者的阅读兴趣，引领他们领略多彩的人文风情、体味灿烂的民族文化。

（二）盲人爱心电影

爱心电影由志愿者用声音解说、视觉讲述和听众参与的方式，开展影视欣赏。志愿者们将平实形象用富有感染力的语言，和电影音效完美结合，准确完整地再现了作品的原貌，使视障人士和普通观众一样，感受电影带来的乐趣。

（三）特殊群体帮教服务

视障读者用自己的人生经历和人生感悟进行现场演讲，不仅给其他人树立标尺，还深深地触动他们；自己也在志愿服务的过程中实现了自己的价值，更增强了自身的生活自信。

（四）一帮一、手牵手

志愿者协助图书馆组织视障读者参加其他活动，如知识竞赛、征文演讲比赛、赛诗会、赛歌会、文艺表演等，提高他们的阅读热情，增强他们的阅读乐趣。

（五）走向户外、触摸世界

为帮助盲人读者拓展活动领域，触摸现实世界，更好地融入社会，苏州图书馆联合社会志愿者，组织视障读者先后参观了苏州博物馆、苏州市盲人植物园、苏州光福机场、嘉兴南湖和沙家浜等地。

（六）视障读者系列培训

根据盲人读者的需求，苏州图书馆组织志愿者为盲人读者举办了盲文培训、计算机和盲用软件培训、推拿按摩英语及日语培训等各类免费培训，帮助他们融入社会，并获得一技之长。

自 2001 年 6 月至今，苏州图书馆组织志愿者为视障读者举办各类志愿活动累计三百余次，服务视障读者近两万人次。志愿者们在为公共图书馆实现为视障读者普及文化知识、传播先进文化、保障其基本文化权益做出了突出贡献。志愿者史琳是第二届苏州市"志愿之星"十佳个人，她已参与盲人志愿者活动八年了，她感悟说："我有一群特殊的朋友，他们虽然看不见阳光，心却充满光明，他们热爱生活，更热爱生命。和他们相处让我学习到关爱社会、关爱他人的理念，并愿意为了更好地营造团结互助、平等友爱、共同进步的社会风尚贡献个人的绵薄之力。"盲文阅览室成立 14 年来，已举办 500 多期，参与人次近万人，多次被媒体报道。苏州图书馆并被评为 2014 年全国盲人阅读推广优秀单位，"我是你的眼"残障主题活动被评为江苏省文化志愿服务优秀活动项目，并已连续三届获得苏州市阅读节优秀活动奖。

四、"悦读妈妈"志愿者队伍建设

"悦读妈妈"培训课堂是苏州图书馆于 2015 年 3 月推出的惠民新举措，即依托苏州图书馆的"家长课堂"，对希望提升自身素养，并致力于将来为孩子奉献爱心的"悦读妈妈"志愿者（包括幼儿园老师和家长）进行培训。

早在 1992 年，英国图书信托基金会（Booktrust）、伯明翰图书馆服务部（Birmingham Library Service）、基层医护信托基金会（Primary Care Trust）就发起了专门针对婴幼儿的阅读推广运动——Bookstart。2011 年，苏州图书馆正式启动"悦读宝贝"计划 [①]。2013 年,"悦读宝贝"计划正式被"Bookstart"英国总部认可和接纳,使苏州图书馆成为我国大陆地区首家,目前也是唯一一家"Bookstart"的成员馆。苏州市政府每年拨款 80 万元,专门用于"悦读宝贝"计划的开展。但仅凭图书馆举办的阅读活动,对于培养"悦读宝贝"而言收效甚微,只有调动社会志愿者力量,营造热爱阅读的氛围,才更利于培养孩子的阅读兴趣。

同时,苏州图书馆总分馆服务体系的建设,也对婴幼儿亲子活动提出了新要求。苏州图书馆目前已经拥有 1 家总馆、68 家分馆。各分馆除了借阅图书以外,还需开展各类阅读推广活动,其中尤以少儿活动需求最大。但限于人员、经费等因素,总分馆体系活动的开展急切需要高素质的专业志愿者队伍加盟。

目前,苏州图书馆志愿者协会拥有数量众多的志愿者,但素质良莠不齐。以少儿部为例,有以中小学生为主的"雏鹰"志愿者,有高等幼儿师范学校学生为主的"故事姐姐"志愿者,还有以"大师工作室""阳光家庭"等培训公司为主的志愿者,甚至吸纳了一些家长作为志愿者,如"新升甜妈",图书馆偶尔邀请他们在家长沙龙活动中介绍教子心得。但是除了"故事姐姐"志愿者团队,其他志愿者服务时间都不固定,难以长期合作。

与美国、日本等发达国家相比,中国专门针对家长的培训很少且不成体系。目前,中国家长对孩子的教养还是以祖辈传下来的方法为主,如任意包办或代替孩子做事,用"你再不听话,警察叔叔抓你"等语言随意吓唬孩子,孩子被桌椅碰到故意拍打桌椅以助长孩子报复的快感等。有的孩子甚至完全依靠祖母、外婆等老人带养,而这些家长普遍缺乏科学的教养方法。正是在这样的背景下,2015 年 3 月,苏州图书馆"悦读妈妈"志愿者队伍正式组建,并且于 2015 年 3 月到 5 月正式开展首期培训。

与图书馆其他培训活动相比,"悦读妈妈"培训课堂在理念上有很多不同。其关注重点不是传授家长知识,而是着眼于培养"悦读妈妈"志愿者团队,以期通过培养"悦读妈妈"的"种子选手",以"奉献爱心"的形式,以"传播科学"的精神,深入社区、分馆、农民工子弟学校等基层单位,对更多的家长开展培训。

[①] "悦读宝贝"计划是苏州图书馆参照英国阅读起跑线(Bookstart)的做法,专门针对婴幼儿的服务。它引进国际上成熟的亲子阅读理念,由公共图书馆为新生幼儿及父母提供阅读帮助,开展亲子阅读,让孩子在尽可能早的年龄就开始喜欢图书并从中受益,培养他们对阅读的终身喜爱。

"悦读妈妈"培训课堂着眼于未来，图书馆邀请名师做系统讲座，受益的老师和家长们作为志愿者学成后要付出爱心，将科学知识传播到更广阔的天地。

从2014年底，苏州图书馆与苏州高等幼儿师范学校、苏州市人力资源社会保障培训指导中心合作，就志愿者团队的组建及培训课堂的开办等问题进行磋商。苏州图书馆开放"悦读妈妈"培训课堂要面对的困难很多。

正规的志愿者团队需要在市精神文明建设指导委员会办公室进行注册，只有这样，志愿者的活动才能被纳入正规的管理系统，但是注册单独的志愿者团队，不仅需要志愿者名称，还需要有独立的财务管理系统、上报财务报表、定期上报台账等。苏州图书馆少儿部的全部活动都依靠上级拨款，不可能有独立的财务管理系统，并且苏州图书馆已经有志愿者协会，少儿部以部门的名义单独注册比较难。最终经过研究决定，将"悦读妈妈"志愿者团队作为一个独立的团队名称在文化广播电视新闻出版局备案。既然要吸引老师和家长们自愿利用业余的时间来接受培训，那么配备的讲师必须优秀、专业，课时安排也须合理。"悦读妈妈"培训课堂主讲老师都是苏州知名的儿童专家，如王一梅老师是苏州著名的儿童文学作家，韩梅老师是苏州高等幼儿师范学校儿童文学专业的老师，盘海鹰老师是苏州著名的早教专家，张宇老师则是苏州著名的营养和保健专家。此外，图书馆经验丰富的阅读推广人员也加入其中，为大家讲解阅读经验，以保证家长和老师们获取的知识和方法更加科学而有效。

在课时安排上，苏州图书馆将培训时间集中在周六，每周一次，历时近两个月。这样既能保证学员们利用业余时间前来上课，也能保证家长们一周一次的休息时间，易于为大家所接受。

"悦读妈妈"志愿者是普及阅读及教养知识的团队，对志愿者的语言表达能力要求较高。为了招募到更多优秀的志愿者，苏州图书馆提前制定了《悦读妈妈志愿者招募书》，明确了志愿者的权利和义务，并在幼儿园放假之前开始公开招募。得益于幼儿园的大力宣传，老师们报名比较踊跃。为了保证公平和课堂质量，图书馆不得不对各幼儿园老师限制名额，并郑重承诺"悦读妈妈"培训课堂会多期举办，使热心奉献的人士都有机会接受专业培训。

"悦读妈妈"培训课堂历时近两个月，占用的都是老师和家长们的业余时间。

在培训期间,学员请假情况不可避免。为了提升幼儿园老师和家长们的上课热情,除了专业的教师配备、系统的课程设计外,图书馆还与教育局合作,将"悦读妈妈"志愿者培训课程纳入幼儿园老师继续教育所选课程之中,使老师们在图书馆参加培训可以得到继续教育积分。

"悦读妈妈"培训课堂不仅有理论讲解,而且还有实际操作课。平常"悦读妈妈"培训课堂都在苏州图书馆学术报告厅或四楼展厅上课,但一些实际操作课,如"妈咪宝贝营养厨房:婴幼儿常见的科学烹饪方法解析"需要在现场明火烹饪,对场地要求较高。苏州图书馆出于安全考虑,无法提供场地。在少儿部积极协调下,最后该课在石家湾苏州图书馆职工食堂进行。尽管场地过小,加上许多社会人员慕名前来学习,导致该课程的现场十分拥挤,但是多数学员都坚持站着听完 3 个小时的讲解。从第二期开始,图书馆将安排更宽敞的场地来保证"妈咪宝贝营养厨房"等实际操作课的顺利进行。

苏州图书馆拟定了《授权协议》,明确了志愿者的权利和义务。志愿者享有免费接受苏州图书馆全面、系统培训,取得结业证书,累积继续教育积分的权利,同时也需要履行相应的义务,即在空闲时间接受图书馆的活动安排。志愿者在报名时可根据自己的家庭住址或工作单位,选择自愿服务的区域。只有在服务次数到达一定数量后,图书馆才会为"悦读妈妈"志愿者颁发证书。

未来,"悦读妈妈"志愿者活动将被纳入苏州图书馆"积分激励计划"中,与市民的诚信体系挂钩。并且志愿者的每次活动都会累加一定的积分,当积分到达一定数量时还将有特别奖励。

除了有优秀、专业的讲师团队,"悦读妈妈"培训课堂的内容设置也自成体系,分为五大模块:故事妈妈课堂、营养妈妈课堂、保健妈妈课堂、智慧妈妈课堂、成长妈妈课堂。不仅教家长和老师们如何为孩子阅读,还系统地讲解孩子在成长过程中所要注意的营养、发育、生理、心理等问题,甚至包括夫妻关系、婆媳关系等家庭环境问题。家长们获取的知识是立体化的、全方位的。在培训方式上,"悦读妈妈"培训课堂打破了以往单靠老师理论性讲解的范式,而是将理论课与实际操作课结合,精讲与泛讲结合,大课与小课结合,并且在课程结束后加入了汇报演出。家长在课上不仅能够学到孩子在生理、心理方面的知识,而且还可以学会如何利用绘本做游戏、做手偶及组织故事会等。通过游戏、绘画、手工等绘本的延伸阅读，家长可以利用更多的手段促进孩子的成长发育。"悦读妈妈"培训课堂在老师和家长中引起了强烈的反响，他们都表示收获良多。

首期"悦读妈妈"培训课堂的成功，也为第二期的开办带来了良性影响。培训课堂内容丰富、形式灵活，使家长们获得了许多知识，尽管第一期课堂还未结束，培训课堂的 QQ 群已经加入了近百位学员，第二期的培训课堂的关注度日益增加。

"悦读妈妈"培训课堂虽然不直接针对孩子，但它通过提升孩子养育者和教育者的知识、素养，最终让孩子受益。如果有更多的家长和老师注意到孩子真正的需要，学会如何科学、有效地培育孩子，以促进他们的身体、语言、想象力、创造力等各方面的发展，则比带孩子到图书馆听几场故事会、做几个游戏都更加有效。

第二节　张家港市文化志愿者

张家港位于中国大陆东部，长江下游南岸，是苏州市所管辖的县级市。东南与常熟相连，南与苏州、无锡相邻，西与江阴接壤，北滨长江，与如皋、靖江隔江相望，是沿海和长江两大经济开发带交汇处的新兴港口工业城市。张家港是中国综合实力最强的县级市之一，连续多年位居全国百强县、中国中小城市综合实力百强市前列，在经济、文化、金融、商贸、会展、服务业和社会建设等领域成就显著，是全国文明城市、中国工业百强县、中小企业知识产权战略推进工程试点城市。2017 年，张家港被住房和城市建设部（简称住建部）命名为国家生态园林城市。

张家港市大力弘扬"奉献、友爱、互助、进步"的志愿精神，创新思路、创新举措，不断推进志愿服务制度化，全市志愿服务实现了常态化开展、项目化实施、专业化服务、社会化运作。截至 2018 年 6 月底，全市已有注册志愿者 9 万余名，注册志愿服务团 1000 余支，累计志愿服务时长超过 200 万小时。

2013 年 7 月，张家港市注册成立张家港市文化志愿者协会，成为全省首家在民政局注册登记的文化志愿者协会，在全国率先实施文化志愿者资格认证。张家港市文化志愿者协会，是由文化志愿者、文化志愿服务组织以及关心支持文化志愿服务事业的单位、组织或个人自愿结成的地方性、联合性、非营利性社会组织。协会的宗旨是组织和指导张家港市文化志愿服务活动，团结凝聚全市文化工作者和文艺爱好者积极投身文化强市建设，全面构建"实力张家港、美丽张家港、幸福张家港"，为社会提供文化志愿服务，促进社会主义核心价值体系建设，推动张家港市文化大发展大繁荣。

2013 年，张家港市启动"文化志愿基层行"活动，围绕五大主题，重点打造了十大品牌项目，其中"'绽放在港城'公益演出进基层"项目获评文化部2013 年"文化志愿者基层服务年"示范项目。

2014 年，张家港市文化志愿者协会在全市范围内围绕"我们的中国梦·文化志愿服务基层行"系列主题："为你而来 —— 关爱特殊群体志愿服务""美的旅行 —— 文化艺术辅导志愿服务""精彩上演 —— 公益播映演出志愿服务""分享记忆 —— 传统文化传播志愿服务""服务到家 —— 文化惠民工程志愿服务"，开展了"书香溢港城"阅读推广志愿服务、"群文大讲堂"公益文化培训班、"实现舞台梦"残障人士文艺辅导、"艺术伴你行"公益播影演出服务、"文化助成长"公益培训进校园、"今虞大讲堂"诗词创作辅导志愿服务、"流动博物馆"历史文化进社区活动、"佳节话传统"民俗体验活动、"我是你的眼 —— 带盲人'看'电影"等 18 个重点项目活动，活动覆盖全市各乡镇，惠及各类人群。其中，"为你而来·共筑梦想"大型关爱特殊人群文化志愿服务行动获评 2014 年"家在苏州"主体品牌二类优秀项目。截至 2014 年底，张家港文化志愿者协会已有文化志愿服务团44 个，其中社会团体 11 个，在册文化志愿者 1700 余人。2014 年全年开展各类文化志愿活动共 65 项 923 次，受益人次达 18.9 万。

2015 年，张家港市文化志愿服务活动以"社会主义核心价值观""文化艺术""志愿服务"为主要元素，根据新时期群众文化需求特点，以全市各镇、村、社区为重点服务区域，深入基层各学校、企业、家庭、福利机构，围绕空巢老人、留守儿童、新市民和残疾人等重点群体开展文艺演出、阅读推广、教育咨询、公益播映、文化传播、文物鉴定、主持与讲解、文艺辅导与培训、广电数字志愿服务、文化惠民工程志愿服务等针对性文化志愿服务活动。开展舞台点亮生活——文艺演出文化志愿服务、阅读开启心智——阅读推广文化志愿服务、文化精彩人生——文化传播文化志愿服务、艺术陪伴成长——艺术辅导文化志愿服务、服务温暖民心——文化惠民工程志愿服务五大主题共二十项重点活动。

张家港市文化志愿者协会作为江苏省首家文化志愿服务类社会团体，主管单位为张家港市文体广电和旅游局（原张家港市文化广电新闻出版局）。张家港市文化志愿者协会采用理事会制度，由图书馆、文化馆、企业家、艺术家及热心文化志愿服务工作的同志共同组成。设有常驻办公地点。张家港市文化志愿者协会在创建伊始就制定了详细的《张家港市文化志愿者协会章程》（详见本章附录）。协会章程规定了张家港市文化志愿者协会的精神、宗旨和使命，同时对文化志愿者的管理流程进行了详细的规定。

一、志愿服务平台搭建

志愿服务需要阵地支撑，志愿者业务交流需要场所保障。张家港市坚持把建好用好志愿阵地作为志愿服务活动开展的基础，大力畅通志愿服务途径，精心打造每一个"志愿者之家"。

（一）着力推进志愿阵地全域化

在市级层面，2012年10月，市志愿者协会进驻城区最繁华的步行街，办公用房达600平方米，2014年7月，又建成小城河志愿驿站。目前两者已成为全市志愿服务工作的协调指挥中心、文化展示中心、项目发布中心、团队孵化中心和交流培训中心。为优化服务环境，提升服务水平，2019年5月，市志愿者协会搬迁至市文化中心。在镇级层面，全市9个镇全部建成镇志愿服务中心，配备专职工作人员负责本镇志愿服务活动。在行业层面，鼓励支持有条件、与群众生活密切相关的行业建设志愿服务阵地。截至2018年，城管、文化、卫生（红十字）、交通、消防等近20个行业建成了志愿阵地，给志愿者参与志愿服务带来方便。在村（社区）层面，按照"六有"（有机构、有制度、有队伍、有项目、有活动、有记录）标准建设志愿服务站，深受基层志愿者欢迎。

（二）着力建设志愿服务基地

所谓志愿服务基地，是指公共场所、窗口单位、文体场馆等人流量密集的地方，可以设计开发长期固定的志愿服务岗位，招募志愿者开展志愿服务活动。截至 2018 年，全市共有老年公寓、图书馆、步行街"诚信驿站"、暨阳湖公园等市镇两级志愿服务基地 55 个，年提供志愿服务岗位超过 5 万个。

（三）着力构筑网上志愿阵地

随着信息化的发展，人们参与志愿服务的途径更多地选择和依靠网络。张家港市积极顺应形势发展，于 2012 年初建成市志愿者协会门户网站——友爱港城网（www.zjgyouai.cn），并先后进行了两次改版。目前网站具有志愿者注册招募、志愿项目发布、志愿团队管理、志愿服务记录等功能。同时，张家港市还开发了志愿者手机客户端和微博、微信，全市志愿服务形成了"一网一群一博一平台"（友爱港城网、志愿者 QQ 群、微博微信、手机客户端平台）四位一体的数字化网络工作新格局。

二、志愿服务团队培育体系

志愿服务发展得好不好、影响力大不大、服务水平高不高，离不开成熟的志愿者团队。张家港市始终把培育志愿者团队作为推进志愿服务健康发展的重要支撑，创造条件、大力扶持，实现团队迅速发展壮大、服务水平有力提升。

（一）全面落实扶持政策

制定出台《关于扶持志愿服务团队发展的工作意见》，从政策、资金、项目、奖励、培训等方面给予大力扶持。对获评张家港、苏州和江苏省优秀志愿者组织的，分别给予一定奖励，并组织团队负责人赴上海、南京、苏州、扬州、南通等地学习交流，有力促进志愿者组织健康快速发展，目前全市共有 949 支注册志愿者团队。充分发挥市志愿者协会、市公益组织培育中心和梁丰慈善工场的孵化基地作用，向志愿者团队无偿提供场地设备、组织规划、项目管理、教育培训、能力评估等支持。共有 52 爱心联盟、爱心义工等近 20 个志愿者组织进入中心孵化出壳。开展培训交流活动，组建"志愿服务培训讲师团"，坚持分层分类对志愿者进行培训。针对新注册志愿者，主要进行志愿服务通识培训，提升志愿服务的认同率；针对骨干志愿者，主要进行专业技能培训，提升志愿服务专业化水平；针对团队负责人，主要进行管理能力培训，提升志愿服务团队凝聚力。

（二）着力培育枢纽型志愿者组织

积极联合工、青、妇、残联、新市民中心、环保、公安等相关部门，重点培育一批符合行业特点、促进行业工作的志愿者组织。这批枢纽型组织隶属各行业单位，接受市志愿者协会指导。如市妇联成立了"暨阳玫瑰"、残联成立了"折翅天使"、新市民中心成立了"同城伙伴"、环保局成立"绿色蒲公英"、公安局成立了"港城义警"等志愿者团队。团队志愿者以本行业工作人员与社会志愿者相结合，通过开展各类富有行业特色的志愿服务，不仅延伸了部门服务触角，而且改善了单位社会形象，群众纷纷评价：现在的政府部门越来越亲民、越来越务实了。

（三）大力推广"社工＋志愿者"模式

在团队培育过程中，始终抓住团队负责人这个关键少数，通过一个人影响一群人，一群人带动更多人。一方面找好带头人，重点挖掘在志愿服务中表现积极、威信较高并有一定能力的志愿者，通过培训引导，扶持他们担任志愿者组织负责人，带动团队发展。另一方面着力发挥专业社工的优势，鼓励引导他们多参与志愿服务，主动负责项目策划、对外协调、绩效评估等工作，让他们挑起组建、完善志愿者组织的重担。目前，全市共有1100余名社工加入志愿者队伍，占全市社工总数的80%，形成了"社工＋志愿者"的良好格局，有力提升了团队整体素质。

2018年，为提升志愿服务专业化水平，张家港市积极筹备组建张家港志愿者学院，编印志愿服务培训参考教材，成立志愿服务讲师团并聘请首批成员，制订出台志愿服务培训计划，这一系列的举措必将开创志愿服务工作新局面，有力推动张家港志愿服务从1.0时代迈向2.0时代。张家港志愿者学院的成立和志愿服务教材的编撰，在全国县级市中尚属首例。

三、志愿服务质量的评价与反馈

志愿服务的生命力在于常态长效。针对以往志愿服务中的"应景搞活动""服务对象单一""资金得不到保障"等问题，张家港市从 2012 年开始创新实施"学雷锋·志愿服务伙伴计划"，以项目为纽带，搭建政府、企业和志愿者组织平等合作平台，志愿服务工作实现了从搞活动到常态化的转变。

（一）凝聚社会力量"分好工"

"伙伴计划"实施后，张家港的志愿服务形成了"三单"模式：文明办下单——发布项目，企业买单——资助项目，志愿者组织接单——实施项目。三方分工合作，有效调动社会力量，集聚爱心资源，打破了以往志愿服务纯政府推动或纯民间自发的界限。2012 年以来，张家港市文明办及各单位共对外发布志愿服务项目 400多个，企业资助金额折合人民币超过一千万元，受益群众超过 100 万人次。

（二）狠抓关键环节"把好度"

"伙伴计划"能不能成功实施，取决于三个关键点，即项目来源、资金使用和实施效果。建立健全项目征集发布制度。市文明办坚持集中征集和平时征集相结合，每年开展优秀志愿服务项目征集大赛，每季度召开志愿服务项目研讨会，建设志愿服务项目数据库。每年举行大型推介会，通过报纸、网络向社会公开发布志愿服务项目，资助企业和志愿者组织现场签订合作意向书。建立健全资金使用管理制度。在企业资金捐赠上，市志愿者协会、市慈善基金会、捐赠企业达成三方协议，企业以定向捐赠的方式将资金捐赠给市慈善基金会，依法获得免税待遇，市慈善基金会再把捐款转入市志愿者协会账上。在资金拨付上，市志愿者协会采用"541"拨付方式：项目开始时，先拨付 50% 资金给志愿者团队作为启动经费；项目开展中期，再拨付 40% 资金；项目结束时，市志愿者协会经过评估，认为项目实施效果良好的，再拨付 10% 的项目款。为了确保资金使用公开透明，市志愿者协会专门招募两名会计志愿者，全程监管项目资金使用情况。每个项目结束后，市志愿者协会单独制作财务账本报市慈善基金会和资助企业审核，确保项目款使用明明白白，解除了企业"捐款不知用在何处"的担忧。建立项目绩效评估制度。专门组建志愿服务项目评估委员会，委员会成员由专家学者、专业社工、新闻记者、优秀志愿者等组成。评估委员会从项目完成情况、组织管理、财务状况、服务对象满意率和社会效益等五个方面对组织进行评估，按得分高低进行星级认证，不断提升项目实施运行的针对性和实效性。

（三）遵循自身规律"升好级"

"伙伴计划"的实施始终遵循志愿服务规律，走出了一条适合张家港志愿服务发展的道路，推动了志愿服务转型升级。

（1）推动志愿服务常态化。"伙伴计划"以项目化运行为核心，最大特点是有计划、可持续，每位志愿者心中都有一台"志愿闹钟"，做到"三明确"：明确服务时间、明确服务地点、明确服务对象，定期主动开展志愿服务，有效避免了被志愿、扎堆服务、零星搞活动等现象。

（2）推动志愿服务社会化。"伙伴计划"通过政府、企业和志愿者组织紧密合作，充分调动社会资源，特别是企业资源。"有钱出钱、有力出力"的志愿服务新模式，彻底解决了志愿服务活动缺乏资金支持的问题，而企业也通过资助志愿服务项目履行了社会责任，扩大了企业的知名度和美誉度。2012 年以来，参与"伙伴计划"的企业逐年增多。江苏永钢集团、东海粮油公司、浦发银行等企业不仅资助项目，而且鼓励员工参与活动项目开展志愿服务。

（3）推动志愿服务专业化。"伙伴计划"通过项目带动，促进了志愿服务分类管理，志愿服务的领域更加宽广，志愿服务的分工越来越细，志愿服务的专业化程度越来越高。如"美湖使者"团队每年夏天开展的"珍爱生命·防止溺水"志愿服务项目，活动开始前团队都要为志愿者安排两堂心肺复苏等急救知识培训课，通过培训测试合格的志愿者才能上岗服务，大大提升了志愿者的专业技能。

四、志愿服务的激励体系

（一）激励制度

（1）张家港市志愿服务指导中心（以下简称指导中心）和张家港市志愿者协会（以下简称志愿者协会）建立以服务时间和服务质量为主要内容的星级认定制度，鼓励人们长期参加志愿服务活动。共设置五个星级，志愿者注册后，志愿服务时间累计达 30 小时者晋升为一星级志愿者，累计达 60 小时者晋升为二星级志愿者，累计达 100 小时者晋升为三星级志愿者，累计达 200 小时者晋升为四星级志愿者，累计达 300 小时以上者晋升为五星级志愿者。各志愿服务组织负责对本组织的志愿者进行服务记录和年度考核。志愿者参加志愿服务总时数累计达 400 小时以上的，可向指导中心、志愿者协会申请核发志愿服务荣誉卡。

（2）志愿服务组织根据志愿服务项目和志愿服务内容，为志愿者提供基本的工作条件和相应的服务设施。

（3）志愿服务组织通过志愿者个人申报、对服务对象进行回访等方式，及时了解掌握志愿者参加志愿服务活动情况，并在志愿者证上给予记录，作为星级志愿者评定的基本依据。

（4）市文明办、指导中心、志愿者协会和各行业主管部门每年评选表彰十佳优秀志愿者和优秀志愿服务项目，适时评选表彰优秀志愿服务组织，并给予各类奖励。

（二）激励举措

张家港市坚持把弘扬志愿文化放在突出位置，大力宣传"奉献、友爱、互助、进步"的志愿精神，不断增强人们的认知认同，全市志愿服务工作实现了从"行政推动"到"自觉践行"的转变。

（1）征创文化作品感染人。2013 年初，面向全国征集张家港志愿者 LOGO 标志（共收到 229 件作品），并于 2015 年 5 月在国家工商总局注册成功。设计制作志愿者旗帜、服装、帽子、背包等 20 种文宣产品，确定了全市志愿服务宣传口号：志愿服务，生活新态度。创作了张家港志愿者之歌《义路有你》，在各类场合推广传唱，大力宣传"我志愿、我快乐""我为人人、人人为我"的理念，扩大志愿服务感染力。

（2）利用立体宣传鼓舞人。新闻媒体开设志愿服务专题专栏，每周宣传全市志愿服务活动开展情况。利用户外大屏、公交车身、围墙护栏、灯杆道旗等各类载体高密度刊播志愿服务公益广告，大力营造崇尚志愿服务的浓厚氛围。拍摄《义路有你》《为城市注入生命的意义》等反映志愿服务的微电影和 15 集优秀志愿者电视短片，上传至本地电视台、户外大屏及优酷、土豆等知名网站展播，点击量超过 10 万次。

（3）举办丰富活动凝聚人。2013 年，举办首届志愿者才艺大赛（每两年举办一届），120多位志愿者报名参赛。赛后，30多位志愿者自发组建了志愿者艺术团。2014年以来，志愿者艺术团在全市城乡义演18场次，参与志愿者1254人次，现场观众超过1万人次。志愿者艺术团在丰富群众文化生活的同时，也有力地宣传了志愿精神。2014年，举办首届志愿者运动会（每两年举办一届），600多名志愿者参赛，充分展示了志愿者阳光、健康的风采。每季度开展志愿者拓展训练活动，2012年以来，全市共有1280名骨干志愿者参加活动，进一步凝聚了团队精神。

五、志愿服务保障体系

制度管长远、管根本，一套行之有效的制度是志愿服务持续规范运行的保证。张家港市坚持顶层设计，统筹规划，建立健全各项工作机制，实现志愿服务制度化。

（一）完善组织领导机制

市委制定出台《深入推进志愿服务工作实施意见》，明确市文明办牵头协调全市志愿服务工作。成立市志愿服务指导中心（全额拨款事业单位，2个编制，隶属市文明办），把志愿服务工作经费（每年150万元）列入年度财政预算，落实志愿者协会办公场所，确保志愿服务工作顺利开展。

（二）完善日常工作机制

（1）完善招募注册制度，实行团队招募、统一注册，所有注册志愿者信息在友爱港城网即时查询。同时还实施注册志愿者退出机制，规定志愿者从注册之日起一年内没有参与志愿服务活动的（生病、怀孕、调外地工作、上大学等特殊情况除外），市志愿者协会将进行清退。截至2018年6月，共有2.1万名注册志愿者被清退，保证了志愿者的质量和有效参与率。

（2）完善活动发布公示制度，各志愿团队开展志愿服务活动必须提前3~5天通过友爱港城网发布并接受抽查，活动信息和志愿者服务时间必须在友爱港城网公示，确保了活动规范有序。2017年以来，平均每天有44个活动通过友爱港城网发布并实施。

（3）完善考核制度，把志愿服务纳入文明单位、文明村镇、文明社区考核并赋予最高权重。同时把志愿服务作为加入中国共产党的前提，入党对象必须参与6次志愿服务活动或服务时间至少达到20小时。目前，全市共有10056名中共党员注册成为志愿者。

（三）完善嘉许回馈机制

每年评比优秀志愿者和优秀志愿者组织并举行隆重的嘉许典礼，大力宣传志愿者感人事迹。在全国县级市率先出台《张家港志愿者礼遇办法》，遵循"适度回馈"原则，出台志愿者礼遇10条，深受志愿者欢迎。

（1）人身有保障。所有注册志愿者在志愿服务活动期间，均可获得张家港人寿保险公司赠送的10万元意外身故保险、10万元意外残疾保险和5000元意外伤害医疗保险，解决了志愿者的后顾之忧。

（2）荣誉能评定。志愿者累计服务达到一定时长，分别授予相对应的星级志愿者称号，并可兑换相应奖品。对于表现突出的志愿者，优先推荐参评市级以上道德模范等荣誉称号。目前，志愿者曹建苏荣登"中国好人榜"，并当选江苏省第十二届人大代表。王志勇等5名志愿者获评张家港市道德模范。

（3）奖励很实用。志愿者年度服务时间满一定时长的，可免费享有体检、观看文艺演出、旅游年卡、公交年卡、停车年卡等待遇。同时，学生星级志愿者在报考张家港外国语学校时（小升初），最高可加10分。新市民志愿者服务时间，纳入新市民积分管理，最高可加80分，作为新市民及其子女入户、入学、入医的重要依据。适度的礼遇，体现了对志愿者工作的尊重和认可，深受志愿者欢迎。

六、张家港市图书馆春运阅读文化志愿活动

2017年1月13日春运第一天，由市文明办、市文广新局、市交通运输局、市全民阅读活动推进委员会主办，苏汽集团张家港汽车站、张家港市图书馆、张家港市少年儿童图书馆承办的"温暖返乡行 书香回家路"春运阅读文化志愿活动在张家港长途汽车站火爆开启。此次活动旨在倡导全民阅读的良好社会风尚，提升春节文化内涵，让越来越多的普通民众，尤其是返乡务工人员及农村青少年

感受阅读惠民的温暖。

在春运阅读文化志愿活动前，通过张家港"友爱港城"网站进行了志愿者招募，如图 9-1 所示。共招募文化志愿者 30 人。

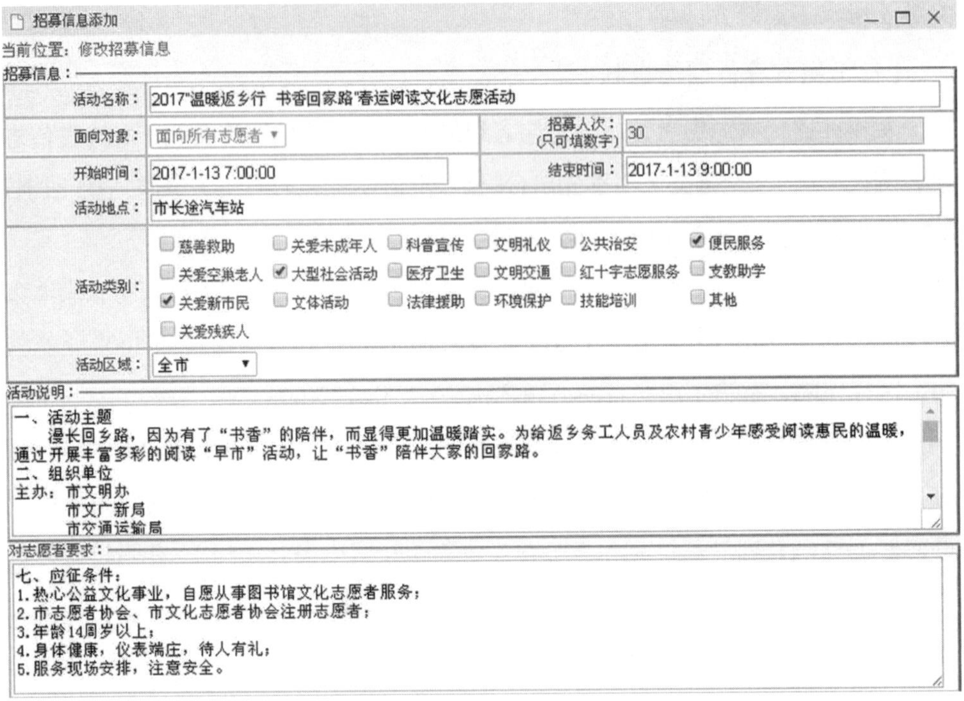

图 9-1 "友爱港城"网络招募信息

候车厅内熙熙攘攘，手提大包小包的旅客都带着兴奋的表情。有"写春联送祝福"文化惠民活动、"绽放最美笑容 定格难忘瞬间"数字体验阅读活动、"张图在身边"信息咨询服务、"2017，我的阅读小目标"征集活动、"阅读随手拍好礼等你拿"春节阅读主题摄影赛、"文化年货 阅读同行"图书赠阅活动、"把图书馆带回家"现场借阅活动、"电影迎新 快乐过年"影片展播八大主题，通过送春联、赠图书、阅分享、玩拍照等形式，让"书香"经由春运飘散到各个角落，陪伴大家的回家路。活动当天共为返乡旅客书写春联 300 多对，赠送"印象张家港""中华传统美德修养文库"等图书 800 余份，发放阅读明信片、阅读倡议书、"市民阅读手册"等 1000 多份，营造了浓郁的书香氛围。

图 9-2 活动现场

　　漫长回乡路，因为有了"书香"的陪伴，而显得更加温暖踏实。为让返乡务工人员及农村青少年感受到阅读惠民的温暖，通过开展丰富多彩的阅读"早市"活动，让"书香"陪伴大家的回家路。

　　张家港市图书馆 2017 年"温暖返乡行 书香回家路"春运阅读文化志愿活动能够取得圆满的成功，得益于张家港市文化志愿者协会科学规范的志愿者管理。从志愿者招募、志愿者培训、志愿者评估、激励到权益保障都有章可循，有法可依。既实现了阅读文化志愿活动的目的，也进一步检验了张家港市文化志愿者协会对文化志愿者的高效管理。

图9-3 张家港市图书馆文化志愿者

表9-1 文化志愿者服务记录表（部分）

序号	友爱港城志愿者证编号	志愿者证号	姓名	时数（小时）	服务内容	服务表现	确认者
1	cv.zjg05003	36545	缪建新	2	阅读便民	5	许晔
2	cv.zjg05012	8179	徐梦华	2	阅读便民	5	许晔
3	cv.zjg05001	29300	李建华	2	阅读便民	5	许晔
4	cv.zjg05086	36176	王建军	2	阅读便民	5	许晔
5	cv.zjg05002	9320	许晔	2	阅读便民	5	缪建新
6	cv.zjg05018	29327	徐珂玮	2	阅读便民	5	许晔
7	cv.zjg05010	18025	左贞	2	阅读便民	5	许晔
8	cv.zjg05078	27735	叶情	2	阅读便民	5	许晔
9	cv.zjg05006	18024	钱晨琦	2	阅读便民	5	许晔
10	cv.zjg05048	18021	朱小平	2	阅读便民	5	许晔
11	cv.zjg05022	29338	陈玉珠	2	阅读便民	5	许晔
12	cv.zjg05083	30074	李情	2	阅读便民	5	许晔
13	cv.zjg05025	25849	张佳音	2	阅读便民	5	许晔
14	cv.zjg05029	16217	包维程	2	阅读便民	5	许晔
15	cv.zjg05035	29360	王立军	2	阅读便民	5	许晔
16	cv.zjg05032	29354	卢文红	2	阅读便民	5	许晔
17	cv.zjg43005	19080	李烨	2	阅读便民	5	许晔
18	cv.zjg43006	15686	秦玮	2	阅读便民	5	许晔

张家港市文化志愿者协会章程

第一章　总则

第一条　本团体名称为张家港市文化志愿者协会（以下简称市文化志愿者协会）。英文译名为 Cultural Volunteer Association of Zhangjiagang，缩写为 CVAZJG。

第二条　本团体是由文化志愿者、文化志愿服务组织以及关心支持文化志愿服务事业的单位、组织或个人自愿结成的地方性、联合性、非营利性社会组织。

第三条　本团体宗旨是组织和指导张家港市文化志愿服务活动，团结凝聚全市文化工作者和文艺爱好者积极投身文化强市建设，全面构建"实力张家港、美丽张家港、幸福张家港"，为社会提供志愿服务，促进社会主义核心价值体系建设，推动全市文化大发展大繁荣。

本团体遵守宪法、法律、法规和国家政策，遵守社会道德风尚。

第四条　本团体接受业务主管单位张家港市文化广电新闻出版局和登记管理机关张家港市民政局的业务指导和监督管理。

第五条　本团体住所在张家港市。

第二章　业务范围

第六条　本团体的业务范围：

（一）广泛动员全市文化工作者、文艺爱好者、全体市民投身志愿服务，培育和发展壮大文化志愿者队伍。

（二）规划组织文化志愿服务活动，协调指导会员开展志愿服务，打造文化志愿服务活动品牌。

（三）推进文化志愿服务组织管理和实施网络建设，依照有关规定，经批准，建立文化志愿者招募、管理、评价、表彰、激励机制，推动文化志愿服务规范化、常态化、事业化发展。

（四）争取党政有关部门支持，整合各类社会资源，积极推动文艺志愿服务事业发展。

（五）开展文化志愿服务地域交流。

（六）开展联络协调、服务培训等工作。

第三章　会员

第七条　本团体由单位会员和个人会员组成。

第八条　申请加入本团体的会员，必须具备下列条件：

（一）拥护本团体的章程；

（二）有加入本团体的意愿；

（三）在本团体的业务领域内具有一定的影响；

（四）热爱文化志愿服务事业，承认本团体章程的中国公民，经申请，可成为本团体个人会员；

（五）在文化志愿服务领域有重要影响的社会文化志愿者组织，经申请，可成为本团体单位会员。

第九条　会员入会的程序是：

（一）提交入会申请书；

（二）经理事会讨论通过；

（三）由理事会或理事会授权的机构发给会员证。

第十条　会员享有下列权利：

（一）有选举权、被选举权和表决权；

（二）参加本团体的活动；

（三）获得本团体服务的优先权；

（四）对本团体工作的批评建议权和监督权；

（五）向本团体推荐会员；

（六）请求本团体维护其合法权益；

（七）入会自愿、退会自由。

第十一条 会员履行下列义务：

（一）遵守本团体的章程，执行本团体的决议；

（二）维护本团体的合法权益；

（三）完成本团体交办的工作；

（四）按规定交纳会费；

（五）向本团体反映情况，提供有关资料。

第十二条 会员退会应书面通知本团体，并交回会员证。会员如果1年不交纳会费或不参加本团体活动的，视为自动退会。

第十三条 会员如有严重违反本章程的行为，经理事会表决通过，予以除名。

第四章 组织机构和负责人

第十四条 本团体的最高权力机构是会员代表大会。会员代表大会的职权是：

（一）制定和修改章程；

（二）选举和罢免理事；

（三）审议理事会的工作报告和财务报告；

（四）制定和修改会费标准；

（五）决定终止事宜；

（六）决定其他重大事宜。

第十五条 会员代表大会须有2/3以上的会员代表出席方能召开，其决议须经到会会员代表半数以上表决通过方能生效。

第十六条 会员代表大会每届5年。因特殊情况需提前或延期换届的，须由理事会表决通过，报业务主管单位审查并经社团登记管理机关批准。延期换届最长不超过1年。

第十七条 理事会是会员代表大会的执行机构，在闭会期间领导本团体开展日常工作，对会员代表大会负责。

第十八条 理事会的职权是：

（一）执行会员代表大会的决议；

（二）选举和罢免协会会长、副会长、秘书长；

（三）筹备召开会员代表大会；

（四）向会员代表大会报告工作和财务状况；

（五）决定会员的吸收和除名；

（六）决定办事机构、分支机构、代表机构和实体机构的设立、变更和注销；

（七）决定副秘书长、各机构主要负责人的聘任；

（八）领导本团体各机构开展工作；

（九）制定内部管理制度；

（十）决定名誉职务的聘任和人选；

（十一）决定其他重大事宜。

第十九条 理事会须有2/3以上理事出席方能召开，其决议须经到会理事2/3以上表决通过方能生效。

第二十条 理事会每年至少召开一次会议，情况特殊的，也可采用通信形式召开。

第二十一条 本团体设立常务理事会（理事人数较多时，可设立常务理事会）。常务理事会由理事会选举产生，在理事会闭会期间行使第十八条第一、三、五、六、七、八、九项的职权，对理事会负责（常务理事人数不超过理事人数的1/3）。

第二十二条 常务理事会须有2/3以上常务理事出席方能召开，其决议须经到会常务理事2/3以上表决通过方能生效。

第二十三条 常务理事会至少半年召开一次会议；情况特殊的也可采用通信形式召开。

第二十四条 本团体的会长、副会长、秘书长必须具备下列条件：

（一）坚持党的路线、方针、政策，政治素质好；

（二）在本团体业务领域内有较大影响；

（三）最高任职年龄不超过70周岁；

（四）身体健康，能坚持正常工作；

（五）未受过剥夺政治权利的刑事处罚；

（六）具有完全民事行为能力。

第二十五条 本团体会长、副会长、秘书长如超过最高任职年龄的，须经理事会表决通过，报业务主管单位审查并经社团登记管理机关批准后，方可任职。

第二十六条 本团体会长、副会长、秘书长任期五年，连任不得超过两届。因特殊情况需延长任期的，须经会员代表大会2/3以上会员代表表决通过，报业务主管单位审查并经社团登记管理机关批准后方可任职。

第二十七条 会长为本团体法定代表人。

因特殊情况，经会长委托、理事会同意，报业务主管单位审查并经社团登记管理机关批准后，可以由副会长或秘书长担任法定代表人。

法定代表人代表本团体签署有关重要文件。

本团体法定代表人不兼任其他团体的法定代表人。

第二十八条 本团体会长行使下列职权：

（一）召集、主持理事会；

（二）检查会员代表大会、理事会决议的落实情况。

第二十九条 本团体秘书长行使下列职权：

（一）主持协会秘书处开展日常工作，组织实施年度工作计划；

（二）协调各分支机构、代表机构、实体机构开展工作；

（三）提名副秘书长以及各机构的主要负责人，交理事会决定；

（四）决定办事机构、代表机构、实体机构专职工作人员的聘用；

（五）处理其他日常事务。

第五章 资产管理、使用原则

第三十条 本团体经费来源：

（一）会费；

（二）捐赠；

（三）政府资助；

（四）在核准的业务范围内开展活动和服务的收入；

（五）利息；

（六）其他合法收入。

第三十一条　本团体按照国家有关规定收取会员会费。

第三十二条　本团体经费必须用于本章程规定的业务范围和事业的发展，不得在会员中分配。

第三十三条　本团体建立严格的财务管理制度，保证会计资料合法、真实、准确、完整。

第三十四条　本团体配备具有专业资格的会计人员。会计不得兼任出纳。会计人员必须进行会计核算，实行会计监督。会计人员调动工作或离职时，必须与接管人员办清交接手续。

第三十五条　本团体的资产管理必须执行国家规定的财务管理制度，接受会员代表大会和财政部门的监督。资产来源属于国家拨款或者社会捐赠、资助的，必须接受审计机关的监督，并将有关情况以适当方式向社会公布。

第三十六条　本团体换届或更换法定代表人之前必须接受登记管理机关和社团业务主管单位认可的审计机构组织的财务审计。

第三十七条　本团体的资产，任何单位、个人不得侵占、私分和挪用。

第三十八条　本团体专职工作人员的工资和保险、福利待遇，参照国家对事业单位的有关规定执行。

第六章　章程的修改程序

第三十九条　对本团体章程的修改，须经理事会表决通过后报会员代表大会审议。

第四十条　本团体修改的章程，须在会员代表大会通过后15日内，经业务主管单位审查同意，并报社团登记管理机关核准后生效。

第七章　终止程序及终止后的财产处理

第四十一条　本团体完成宗旨或自行解散或由于分立、合并等原因需要注销的，由理事会提出终止动议。

第四十二条　本团体终止动议须经会员代表大会表决通过，并报业务主管单位审查同意。

第四十三条　本团体终止前，须在业务主管单位及有关机关指导下成立清算组织，清理债权债务，处理善后事宜。清算期间，不开展清算以外的活动。

第四十四条　本团体经社团登记管理机关办理注销登记手续后即为终止。

第四十五条　本团体终止后的剩余财产，在业务主管单位和社团登记管理机关的监督下，按照国家有关规定，用于发展与本团体宗旨相关的事业。

第八章　附则

第四十六条　本章程经 2013 年 7 月 3 日会员大会表决通过。

第四十七条　本章程的解释权属本团体的理事会。

第四十八条　本章程自登记管理机关核准之日起生效。

后　记

　　科学、高水平的志愿者组织与管理工作，是志愿者提供出色的志愿者服务的前提与保证。志愿服务活动的发展和图书馆阅读推广活动的开展自然而然地在图书馆汇合，在图书馆阅读推广服务中越来越多地看到了志愿者的身影。在阅读推广人系列总主编、北京大学王余光教授的提议下，本书选题应运而生。

　　《志愿者与图书馆阅读推广》共分九讲，是全体编委集体智慧的结晶。在接到本书选题伊始，我们就抽调人员组成了专门的课题组，在经过几轮激烈地讨论后确定了全书的结构和提纲。为了获得第一手鲜活的资料，课题组北上东三省，南下珠港深，通过信函、电话、走访等方式了解志愿服务情况，并进行筛选，确定入书内容。全体编委冒严寒顶烈日，在完成本职工作的同时，按照工作计划完成全书初稿，并进行多次改稿会，几易其稿不断修订直至定稿。在全书的写作过程中，全体编委同志都付出了艰辛的努力。

　　本书成书特别感谢北京大学王余光教授的深入指导，苏州图书馆邱冠华馆长给予的修订意见，同时感谢张家港市图书馆对本书编撰的大力支持。书中未能一一列出的单位和作者在此也一并表示感谢。